더 나은 미래, 과학 Pick! ①
이상한 기후, 그래서 우리는?
지음 크리스티나 헬트만 | **옮김** 유영미

초판1쇄 2021년 5월 15일 | **초판3쇄** 2022년 9월 15일
펴낸이 김주한 | **책임편집** 조연진 | **책임마케팅** 김민석 | **디자인** 자자주
펴낸곳 픽 | **출판등록** 제406-251002015000039호
제조국 대한민국 | **사용연령** 8세 이상
주소 (10881) 경기도 파주시 회동길 471(문발동) 몽스패밀리Bd. 302호

ISBN 979-11-87903-54-3 74400
ISBN 979-11-87903-53-6 74080(세트)

이 책을 무단 복사, 복제, 전재하는 것은 저작권법에 저촉됩니다.
※ 잘못된 책은 서점에서 바꾸어 드립니다.

Peak을 향한 Pick_픽 은 <잇츠북>의 교양서 브랜드입니다.

Ohne Eis kein Eisbär – Klimawissen zum Mitreden by **Kristina Heldmann**
ⓒ 2020 Verlagshaus Jacoby & Stuart GmbH, Berlin
Korean Translation Copyright ⓒ 2021 by It's Book Publishing Co.
All rights reserved.
The Korean language edition is published by arrangement with
Verlagshaus Jacoby & Stuart GmbH through MOMO Agency, Seoul.

이 책의 한국어판 저작권은 모모 에이전시를 통해 Verlagshaus Jacoby & Stuart GmbH 사와의 독점 계약으로 잇츠북에 있습니다.
저작권법에 의해 한국 내에서 보호를 받는 저작물이므로 무단 전재와 무단 복제를 금합니다.

이상한 기후, 그래서 우리는?

크리스티나 헬트만 지음
유영미 옮김

픽

추천의 글

언제부터인가 모두 기후 이야기를 해요. 뉴스나 인터넷, 소셜 미디어 등 곳곳에서 기후 변화를 다루고, 어린 학생들이 더 이상 기후 변화를 방치해서는 안 된다며 거리로 나와 시위를 하기도 해요. 하지만 '기후 변화'가 정확히 무엇일까요? 조금은 막연하고 복잡하거나 어렵게 느껴져요. 지구상 모든 것은 서로 연결되어 있어요. 기후 변화도 전체적인 연관성을 이해하는 것이 중요하지요.

 이 책에는 기후 변화에 대한 인상적인 그림과 사실과 이야기가 가득합니다. 저자는 기후 변화와 관련된 내용을 하나씩 설명하여 어린이 독자가 탄탄한 지식으로 무장할 수 있도록 도왔어요. 여러분 스스로가 이 책을 읽고 기후 변화를 해결하기 위한 첫걸음을 디딜 수 있을 거예요. 이 책을 읽은 어린이는 어른보다 오히려 아는 것이 더 많아질 수도 있어요. 어른들도 기후 변화를 둘러싼 이모저모를 잘 알지 못하는 경우가 많으니까요.

몸에 열이 난 적이 있나요? 그러면 식은땀이 나고, 몸이 축 늘어지고 몹시 아팠을 거예요. 우리 몸의 체온은 최고 42도까지 오를 수 있는데, 이 정도가 되면 생명이 위험하다고 봐야 해요. 우리가 사는 지구의 자연도 비슷해요. 1~2도 차이가 나는 것만으로도 상황이 상당히 달라진답니다.

우리는 지구에 '열'이 나지 않게 노력해야 해요. 우선 지구에 살고 있는 모든 사람이 에너지 소비를 줄이는 쪽으로 생활 방식을 바꿔야 해요. 이 책은 생활 방식을 바꾸기 위한 모든 실천 방법이 기후와 어떻게 연관되는지를 보여 줄 거예요.

먼 옛날, 지구의 인구는 1000만 명 정도에 불과했지만, 지금은 77억 명에 가깝답니다. 얼마 안 가서 100억 명에 육박하게 될 거예요. 지금처럼 인구가 빼곡한 상태에서 모든 사람이 마음대로 살면 지구가 위험해져요. 하지만 우리 각자가 기후를 보호하기 위해 작은 일을 시작하면 그 일이 모여 많은 변화가 일어날 것이고, 동식물과 인간의 생명을 보전하고 아름다운 자연과 지구를 지킬 수 있어요.

우리는 지구를 우리 자신처럼 돌보아야 해요. 우리 몸처럼 지구도 하나뿐이니까요.

_베를린 자유대학교 교수, 자연 과학자
데틀레프 간텐 박사

차례

기후가 무엇인지부터 얘기해 보자

기후? 날씨? 기후가 무엇일까?   10
기후의 종류 지구에 어떤 기후들이 있을까?   12
기후와 태양과 바람과 물 바람과 물은 기후에 어떤 영향을 미칠까?   15
물의 여행 구름은 기후와 어떤 관계일까?   18
대기를 두른 지구 온실 효과가 무엇일까?   20
여기저기 이산화탄소 이산화탄소가 왜 문제가 될까?   22
탄소에 날개를 다는 일들 이산화탄소는 어디에서 만들어질까?   25
소가 방귀를 뀌면 다른 온실가스들은 어디에서 올까?   28
화산이 토해 내는 것 에어로졸은 기후에 어떤 영향을 줄까?   30

기후가 변하면 무슨 일이 생길까?

옛날에도 그랬잖아 기후가 변하는 게 왜 문제일까?	34
지구가 열이 난다고? 왜 기온이 오를까?	37
얼음이 없으면 북극곰도 없어 북극곰은 왜 얼음이 필요할까?	40
산호초 색깔이 왜 이렇지? 산호초가 사라지면 생태계에 어떤 영향을 줄까?	42
바닷속 이산화탄소가 계속 늘어나면? 해양 산성화는 어떻게 멸종으로 이어질까?	45
물에 잠기는 도시들 해수면이 상승하면 어떻게 될까?	48
지구의 허파, 열대 우림의 위기 숲이 왜 중요할까?	51
헷갈리는 동물들 지구 온난화는 동물들에게 어떤 변화를 가져올까?	54
맞춰 살거나 이동하거나 지구 온난화에 적응할 수 있을까?	56
더우면 마르고, 마르면 사막이 되고 사막화는 어떻게 진행될까?	58
늘어나는 허리케인, 거친 날씨 지구 온난화와 기상 이변은 어떤 관계일까?	61

건강한 지구를 위해 우리 모두가

발자국을 추적해 보자 탄소 발자국이 무엇일까? 66

어이, 포도! 너 어디에서 왔니? 물건을 구입할 때 무엇을 확인해야 할까? 69

기후 변화를 막는 음식 음식을 먹을 때 무엇에 유의해야 할까? 72

분리수거보다는 쓰레기 줄이기 왜 쓰레기를 줄여야 할까? 74

새로운 대륙 발견? 플라스틱은 기후 변화와 어떤 관계일까? 77

걷는 이유 탄소 발자국 없이 이동할 수 있을까? 80

친환경 교통수단 탄소 발자국을 덜 남기려면? 82

햇빛은 바닥나지 않아 재생 에너지가 무엇일까? 85

일단 끄기 어떻게 에너지를 절약할까? 88

온통 푸르른 세상 어떻게 환경친화적인 공간을 만들 수 있을까? 90

모두가 한마음으로 기업과 정치인은 무엇을 할 수 있을까? 92

크게 크게 생각하기 전 세계가 기후 문제를 해결하기 위해 어떤 노력을 할까? 95

누가 쓰레기를 치우지? 기후 정의가 무엇일까? 98

작은 성공들이 모여 기후 보호를 위한 노력은 어떤 성과를 거두었을까? 101

차근차근 가꿔 나가야 할 미래 앞으로 무엇을 해야 할까? 104

추천의 글 2

용어 풀이 108

기후가 무엇인지부터 얘기해 보자

사람들의 대화나 뉴스 등 이곳저곳에서 '기후'라는 말이 점점 더 많이 등장해요. 기후 변화를 막아야 한다며 거리에 나와 시위하는 사람들이 든 현수막을 보면 땀 흘리는 지구와 북극곰, 매연을 내뿜는 자동차와 공장, 플라스틱 쓰레기 같은 것이 그려져 있어요. 가뭄이 들거나 홍수가 난 모습, 소와 당근 등도 자주 등장하지요. 이 모든 것이 기후와 무슨 관계가 있을까요? 기후는 하늘의 태양이나 구름과 관련 있지 않나요?
'기후'라고 하면 아주 중요하고 큰일처럼 느껴져요. 익숙하게 들리지만, 막상 구체적으로 설명하려고 하면 쉽지 않아요. 기후를 한 장의 그림으로 압축해서 보여 줄 수 있다면 좋을 텐데, 기후는 대체 어떻게 생겼을까요?
이 장에서는 다음 질문에 대한 답을 찾아보려고 해요.

* 기후가 무엇일까요?
* 기후는 어떻게 형성될까요?
* 인간은 기후와 어떤 관계일까요?

기후? 날씨?
··· 기후가 무엇일까?

기후 이야기에 앞서 날씨 이야기를 먼저 해 볼게요. '날씨'는 '기후'보다 더 가깝게 느껴지고, 우리 생활과 밀접하니까요. 우리는 매일 날씨에 신경을 써요. 창밖만 봐도 날씨가 어떤지 대부분 알 수 있지요. "오늘 엄청 추워.", "곧 비가 올 것 같아.", "이슬비가 내리는군.", "날씨가 좋다. 하늘이 맑아." 이렇게요.

날씨는 시간과 장소에 따라 달라져요. 또 금방 변해요. 이에 비해 기후는 좀 더 오랜 기간과 넓은 지역에 걸쳐 나타나는 평균적인 날씨를 말해요. 어떤 지역에서 나타나는 최소 30년간의 날씨를 종합한 것을 기후라고 한답니다.

하지만 누가 지난 30년 간의 날씨를 일일이 기억할 수 있겠어요? 그래서 기록이 필요해요. 장기간에 걸쳐 날씨를 기록하면 기후가 어떻게 변해 왔는지 알 수 있어요. 인류는 1781년부터 여러 지역에서 날씨를 기록해 왔어요.

멀리 바다나 산으로 휴가를 가면 공기가 확 다른 게 느껴지지 않나요? 짭짤한 해풍을 맞거나 낯선 식물 냄새를 맡고, 듣기 힘들었던 곤충 소리를 듣기도 하지요. 또 기온이 달라서 더 따뜻하거나 춥다고 느낄 거예요. 더 많이 낯선 곳, 예를 들어 사막에 가 본 적이 있나요? 그곳 공기는 아주 건조하고, 바람에서 모래 냄새가 나며 눈을 따갑게 만들어요. 또 열대 지방에 가면 온실 안에 있는 것처럼 엄청 덥고 습해서 뛰지 않아도 땀이 절로 나지요.

지구의 기후는 지역에 따라 아주 달라요. 기후는 우리가 무엇을 먹을지, 어떤 옷을 입을지, 어떤 동식물과 더불어 살아갈지에 큰 영향을 미친답니다.

이에 비해 날씨는 기후 안에서 그날그날 나타나는 기상 상태를 말해요. 그래서 사막 기후인 곳에서도 날씨가 흐리고 비가 오는 날이 있어요. 사막에서는 비가 오는 걸 날씨가 안 좋다고 말하지 않겠지만요.

기후의 종류

... 지구에 어떤 기후들이 있을까?

태양은 부피가 지구의 130만 배나 되는 거대한 불덩어리예요. 온도가 무려 1500만 ℃에 달하지만 다행히 지구와는 1억 5000만 km 정도 떨어져 있어요. 지구가 지글지글 달구어지거나 꽁꽁 얼지 않을 만큼 적당한 거리예요.

태양 광선이 태양을 출발하여 지구까지 오는 데는 8분 정도밖에 안 걸려요. 빛의 속도는 어마어마하게 빠르거든요! 그런데 태양 광선은 지역에 따라 다른 강도로 지구를 비추어요. 그래서 지역마다 기온이 다르답니다.

태양 광선의 강도를 결정하는 것은 태양 광선이 지표면(땅)과 만나는 각도예요. 태양 광선이 지표면을 똑바로 비출수록 기온이 높아지지요. 햇빛이 곧바로 쏟아지는 적도 지방은 기온이 높고, 햇빛이 비스듬하게 떨어지는 극지방은

기온이 낮아요. 오늘날 지구 전체의 평균 기온은 얼마일까요? 약 14℃랍니다.

　태양 광선과 지표면이 이루는 각도는 계절에도 영향을 미쳐요. 지구가 태양을 한 바퀴 도는 데는 1년이 걸려요. 이 운동을 지구의 공전이라고 하지요. 1년에 걸쳐 지구가 태양 주변을 한 바퀴 도는 동안 어느 때는 북반구가, 어느 때는 남반구가 태양을 정면으로 쳐다보게 되어요. 태양을 정면으로 쳐다보면 햇빛이 더 똑바로 쏟아지고 날씨가 더워져요. 이렇게 날씨가 추워졌다 더워졌다 하면서 계절이 생기지요. 우리가 사는 북반구가 여름이면, 남반구의 호주는 겨울이에요. 호주가 여름이 되면 우리는 겨울이고요.

　한편, 지구는 공전만 하지 않고 자전도 해요. 하루 한 번씩 스스로 팽이처럼 빙그르르 한 바퀴 돌아요. 그래서 태양이 비치는 쪽은 낮이 되고, 반대쪽은 밤이 되지요.

　태양 광선의 강도에 따라 지구에는 크게 5개의 서로 다른 기후대가 생겨요. 각 기후대 안에는 다시 여러 작은 기후대가 있고요. 해발 고도에 따라, 또 바다와의 거리에 따라 산악 기후, 지중해성 기후, 사막 기후 등으로 나뉘어요.

한대 기후 지역은 겨울이 무척 길어요. 눈이 많이 내리고 춥지요. 여름은 아주 짧아서 식물이 무성하게 자랄 겨를이 없어요. 사람이 살기에는 험난하지만 북극곰, 물개, 고래 등은 이런 기후를 좋아해요.

아한대 기후 지역도 기온이 영상으로 올라가는 날이 많지 않아요. 여름에만 땅이 녹아서 눈으로 덮여 있지 않은 짧은 기간을 틈타 식물들이 자란답니다. 이 지역에서는 잔디, 이끼, 지의류, 침엽수가 자라고, 북극토끼, 북극여우, 흰올빼미 등이 살지요.

우리는 **온대 기후 지역**에 살아요. 온대 기후 지역은 따뜻한 계절이면 기온이 영상으로 올라가요. 나무들도 잘 자라서 침엽수나 활엽수가 숲을 이루고, 침엽수와 활엽수가 섞인 혼합림도 있어요. 숲에는 노루와 멧돼지, 다람쥐 등이 살아요.

아열대 기후 지역은 연평균 기온이 20℃에 이르러요. 얼음이 어는 날은 거의 없지요. 비가 많이 내리는 우기와 비가 오지 않는 건기가 번갈아 나타나요. 식물이 무성하게 자라는 지역이 있지만, 사막도 있어요. 낙타, 도마뱀, 팬더 등이 아열대 기후 지역에 살지요. 유럽의 지중해도 아열대 기후 지역에 속해요.

열대 기후 지역에는 딱히 계절이 없어요. 언제나 덥고 습하니까요. 아마존강 유역의 열대 우림이 열대 기후에 속해요. 그곳에는 앵무새, 호랑이, 고릴라 등이 산답니다.

자투리 지식

모든 생물은 각자 좋아하는 기후가 있어요. 자신들이 가장 쾌적하게 살아갈 수 있는 기후를 좋아하지요. 그런데 우리 인간은 거의 모든 기후에 적응할 수 있어요. 더우면 짧은 옷을 입고, 추워지면 외투를 걸치고 목도리를 하면 되니까요. 또 더우면 에어컨을 틀고, 추우면 난방을 하고 단열재도 설치해요. 인간은 웬만한 추위나 더위 속에서도 잘 지낼 수 있어요.

기후와 태양과 바람과 물

⋯ 바람과 물은 기후에 어떤 영향을 미칠까?

태양말고 기후에 중요한 영향을 미치는 게 있어요. 바로 기류와 해류예요. 기류(바람의 흐름)와 해류(바닷물의 흐름)는 태양열을 지구에 골고루 분배하는 역할을 해요.

  태양 광선이 강하게 내리쬐는 적도 지역에서는 공기가 뜨겁게 달구어지며 가벼워져요. 그러면 공기가 위로 올라가서 추운 극지방으로 향하게 되어요. 그리로 가는 길에 공기가 식어서 무거워지면 지 표면 가까이 내려와서 다시 적도 쪽을 향해 움직이게 되지요. 이러한 공기의 흐름이 바로 기류예요. 그런데 이때 공기는 적도와 극지방 사이에서 똑바로 움직이지 않고, 다른 힘들의 영향을 받아 동쪽이나 서쪽으로 방향이 꺾여요. 적도를 향하여 일정한 방향으로 부는 바람 '무역풍'이라고 불러요. 북극과 남극을 향하여 일정한 방향으로 부는 바람을 '편서풍'이라고 하고요.

  한편, 태양은 적도 주변의 공기뿐 아니라 바닷물도 데워요. 그래서 공기의 흐름인 기류뿐 아니라, 바닷물을 적도에서 극지방 쪽으로 실어 나르는 해류도 생겨요. 따뜻하고 가벼운 해수면(바다와 공기가 맞닿는 면)의 물은 극지방으로 가는 길에 자기가 가진 열을 공기 중으로 전달해요. 그러고는 차갑고 무거워져서 해저(바다 밑)로 가라앉게 되지요. 이러면서 생겨나는 소용돌이로 인해 따뜻한 물이 적도에서 밀려나 다른 곳으로 향하는 것이랍니다.

멕시코 만류는 아메리카의 멕시코만으로부터 대서양을 거쳐 북유럽까지 북쪽으로 흐르는 따뜻한 바닷물이에요. 커다란 해류의 일부지요. 멕시코 만류가 없다면, 북유럽의 기온은 10℃는 족히 곤두박질칠 거예요!

저절로 대양을 누빈 장난감들

1992년 바다에 폭풍우가 몰아쳤을 때 화물선에 실려 있던 컨테이너 박스 하나가 바닷물로 떨어졌어요. 그 안에는 물놀이를 하거나 목욕할 때 가지고 노는 장난감이 가득했어요. 고무로 된 노란 오리, 초록 개구리, 파란 거북, 빨간 비버 등이었지요. 이 장난감들은 수십 년 동안 지구의 여러 해안으로 떠내려가면서 해류가 어떻게 이동하는지를 보여 주었어요.

보통은 이런 장난감이 아닌, '표류 부이'라는 걸 물에 띄워서 바닷물의 움직임을 연구해요. 표류 부이는 바람의 영향을 받지 않아 바닷물의 움직임을 정확하게 살피는 데에 도움이 돼요.

자투리 지식

더운 바닷물과 차가운 바닷물이 서로 섞이지 않는 것은 그 속에 들어 있는 소금의 양이 서로 다르기 때문이에요. 소금, 즉 염분 함량이 높아 매우 짠 물은 그보다 덜 짠 물보다 바닥으로 더 깊이 가라앉거든요.

물의 여행

··· 구름은 기후와 어떤 관계일까?

지구의 물은 가만히 있지 않고 계속해서 이동해요. 강과 바다를 통해 여행할 뿐만 아니라 기체인 수증기나, 얼음과 눈의 형태로 바뀌어서도 이동하지요.

태양에서 지구로 열이 도달하면 물이 증발해요. 물이 수증기가 되어 위로 올라가 높은 곳에서 차가운 공기와 만나면 응결돼요. 응결은 수증기가 다시 물이 되어 작은 물방울로 변하는 현상을 말해요. 이 물방울들이 바로 구름이랍니다. 구름은 바람에 실려 이동하고 어느 순간 비나 눈이 되어 다시 땅으로 내려와요. 물이 이렇게 끊임없이 여행하는 것을 '물 순환'이라 불러요.

구름은 여러 가지 방식으로 날씨와 기후에 영향을 미쳐요. 구름의 종류와 높이에 따라 어떻게 영향을 미치는지가 달라진답니다.

권적운(털쌘구름, 작은 양털 구름)
5~13km 상공의 높은 하늘에서 생기는 작고 하얀 구름이에요. 얼음 결정으로 이루어져 있고, 강한 비를 동반해요.

고적운(높쌘구름, 양떼 구름)
2~7km 상공에 생기는 하얀 구름으로 비는 거의 뿌리지 않지만 날씨를 흐리게 해요.

적운(쌘구름, 뭉게구름)
물을 많이 품어 밀도가 높은 구름으로, 아랫부분 색깔이 어두워요. 밑은 평평하고, 위쪽은 뭉실뭉실한 모양이에

층운(낮게 뜬 층구름)
최대 2km 상공에 낮게 떠 있는 회색 구름층으로 물을 많이 포함하고 있어요. 층운은 궂은 날씨를 가져오고, 기온을 낮추어요.

난층운(비층구름)
비나 눈을 동반하는 먹구름이에요.

권층운(털층구름)
권적운처럼 높은 하늘에서 나타나요. 얼음 결정으로 이루어져 있고, 투명하고 얇은 천처럼 보여요. 햇빛이 수증기에 비치어 생기는 햇무리가 보이며, 날씨가 나빠질 징조인 경우가 많아요.

낮고 밀도가 높아 빽빽한 구름은 보통 기온을 낮추어요. 햇빛을 조금밖에 투과시키지 않기 때문이에요. 이에 비해 높은 구름은 물을 많이 머금고 있지 않아서 햇빛을 더 많이 투과시켜요. 높은 구름은 땅에서 나오는 열기를 붙잡아 가두어 지구를 덥게 만드는 효과도 내기도 해요.

권운(새털구름)
높고 푸른 맑은 하늘에 나타나는 얇고 하늘하늘한 깃털 모양의 구름이에요. 얼음 결정으로 이루어져 있으며, 마치 지구가 담요를 두른 것처럼 만들어 지구 온난화를 부추겨요.

고층운(높층구름)
2~7km 상공에서 흔히 볼 수 있어요. 회색빛이고, 비나 눈을 동반해요.

적란운(쎈비구름, 소나기 구름)
산 모양으로 솟아오른 아주 빽빽하고 커다란 구름이에요. 지구 온난화에 별다른 영향을 끼치지 않아요.

층적운(층쎈구름, 두루마리 구름)
고도 2km 이내에서 발생하는 회색 혹은 하얀색 구름이에요. 두터운 덩어리 구름이 층을 이룬 모양이고, 얼음 결정이나 물로 이루어져 있으며, 기온을 낮추어요.

자투리 지식
낮고 두툼한 구름은 기온을 높이는 효과를 내요. 땅 위에 덮인 이불처럼 열을 가두니까요. 밤에는 모든 구름이 그래요. 한편 물이 순환할 때 물이 없어지는 것이 아니에요. 상태만 바뀔 뿐이지요.

대기를 두른 지구
… 온실 효과가 무엇일까?

우리 지구는 벌거벗은 채 무방비 상태로 우주 속에 있지 않아요. 다행히 여러 기체로 이루어진 약 1만 km 두께의 막이 지구를 두르고 있지요. 이런 막을 '대기'라고 부른답니다. 우주에서 지구 사진을 찍으면 대기층이 밝고 부드러운 파란색으로 보여요. 이러한 대기층이 없다면 우리는 지구에서 살 수 없을 거예요. 대기는 정말 중요한 역할을 해요! 대기는 지구가 생명체가 살기에 쾌적한 기온이 되게 하고, 우주의 위험한 방사선으로부터 지구 생물들을 보호해 주어요. 우리가 숨 쉴 수 있는 공기도 공급해 주지요.

　대기는 주로 질소, 산소, 아르곤 등으로 이루어져 있어요. 그 밖에 대기 중에 조금씩 들어 있는 기체들을 '미량 기체'라고 불러요. 이산화탄소, 메탄, 아산화질소, 오존이 여기에 속해요. 대기 속 수증기와 미량 기체들은 온실 기체(온실가스)라고도 불려요. 이들이 온실 효과를 유발하기 때문이지요. 그중에서도 대기에서 가장 많은 비율을 차지하는 수증기는 온실 효과의 주범이에요. 다른 미량 기체들도 대기의 0.04%밖에 차지하지 않지만, 온실 효과에 끼치는 영향이 막대하답니다.

온실에 들어 있는 듯

'온실'이라는 이름이 말해 주듯 온실가스는 온실의 유리 지붕 같은 역할을 해요. 온실가스는 태양열을 대기 중에 붙잡아 두어요. 온실가스로 인해 지구는 유리막으로 둘러싸인 식물원의 야자나무나, 온실 속 토마토와 같은 상태가 돼요. 온실 효과가 전혀 없다면 지구의 기온은 지금보다 33℃나 더 낮았을 거라고 해요. 온실가스는 양이 적지만, 기후에 중요한 영향을 미치기 때문에 이에 대해 더 자세히 살펴볼게요.

여기저기 이산화탄소

··이산화탄소가 왜 문제가 될까?

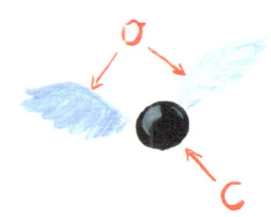

하지만 온실가스를 눈으로 확인하지는 못해요. 가장 중요한 온실가스인 이산화탄소는 눈에 보이지 않고 냄새도 나지 않아요! 지구의 기후에 그리도 커다란 영향력을 행사하는 이산화탄소가 눈에 안 보인다니 난감하죠. 눈으로 볼 수 있다면 이야기하기가 훨씬 쉬울 테니까 말이에요.

이산화탄소(CO_2)는 두 가지 원소로 이루어져 있어요. C는 탄소 원자를 뜻하고, O_2는 2개의 산소 원자를 뜻해요. 이산화탄소를 이렇게 상상해 보면 어떨까요? 탄소 원자 하나에 산소 원자가 양쪽에 하나씩 두 날개처럼 달려 있는 모습을 떠올려 보세요. 탄소 원자는 검은색의 무거운 입자예요. 양 날개인 산소 원자가 탄소 원자를 가스 형태로 만들어 날 수 있게 해 주지요.

그런데 이산화탄소는 대기뿐 아니라, 사실 지구의 거의 모든 곳에 있어요. 물속에도, 땅속에도, 식물 속에도, 공기 중에도 이산화탄소가 있어요. 이산화탄소는 지구의 생물이 생존하는 데 꼭 필요해요. 가령 식물은 이산화탄소가 있어야 자랄 수 있어요. 바닷물에도 이산화탄소가 있어야 플랑크톤이 살 수 있고, 플랑크톤이 있어야 많은 바다 생물들이 살 수 있어요. 또 어디에 이산화탄소가 있을까요? 우리 인간과 동물은 호흡할 때 산소를 들이마시고 이산화탄소를 내뱉지요. 이산화탄소를 이용해서 만든 음료수도 있는데, 탄산음료에 들어 있는 탄산이 바로 이산화탄소예요. 음료에 청량감을 더해 주지요.

지구의 이산화탄소는 물처럼 자연적으로 돌고 돌아요. 식물, 토양, 바다가 공기 중 이산화탄소를 받아들인 뒤에 순환 과정이 진행되면 이산화탄소는 다시 공기 중으로 돌아가요. 그 속도는 느리지만 말이에요.

이산화탄소는 그 자체로는 상당히 멋지고 유용한 것이에요. 그런데 요즘에는 왜 그렇게 인상이 나빠졌을까요? 여러분도 '이산화탄소'라는 말을 들으면 안 좋은 거라고 생각하지 않나요?

양이 문제예요!

이산화탄소가 너무 많으면 문제가 돼요. 이산화탄소를 많이 만들어 내는 건, 바로 우리 인간이지요. 자연적으로 발생하는 이산화탄소가 아니라 인간이 인공적으로 많이 배출하는 이산화탄소가 온실 효과를 부추겨요. 그래서 기후가 변하고, 지구가 땀을 흘린답니다.

지구 온난화가 진행되면 물이 더 많이 증발해요. 그러면 대기 중 수증기가 늘어 온실 효과도 심해져요. 지구는 한층 더 더워지고요. 안타깝게도 우리 인간의 힘으로 지구에서 물이 증발하는 걸 막을 수는 없어요. 온 바다를 은박지로 덮을 수는 없으니까요.

자투리 지식

동물과 인간은 산소를 들이마시고, 적은 양의 이산화탄소를 배출해요. 나무는 반대로 이산화탄소를 들이마시고 산소를 내뿜지요. 그래서 나무가 늘면 온실 효과를 줄이는 데에 도움이 돼요.

탄소에 날개를 다는 일들

··이산화탄소는 어디에서 만들어질까?

이산화탄소를 구성하는 탄소, 즉 CO_2의 'C'는 지구의 모든 생물을 이루는 바탕이에요. 탄소가 산소와 결합해 이산화탄소가 되는 걸, '산소가 탄소에 날개를 달아 준다'고 표현했어요.

    탄소는 아주 오랜 세월 동안 자연 속에 저장되어 있어요. 석탄, 석유, 천연가스 그리고 석회암에도 탄소가 들어 있는데, 이는 공룡이 살던 시대 혹은 그 이전부터 저장되어 있었던 거예요.

석탄

석탄은 처음에 식물이었어요. 수천만 년에서 수백만 년 전에 식물들이 말라 죽어 습지에 잠기고 그 위로 계속 쌓였어요. 겹쳐 쌓인 식물들이 오랜 세월에 걸쳐 바위나 땅에 눌리면 높은 압력과 열을 받으면서 마침내 석탄이 돼요. 이걸 오늘날 우리가 채굴해서 쓰는 거예요.

천연가스와 석유

천연가스와 석유도 석탄과 비슷한 방식으로 만들어져요. 플랑크톤은 바다 위를 떠다니는 작은 생물이에요. 플랑크톤이 수천만 년, 수백만 년 전에 바다 깊숙한 밑바닥에 묻히고 그 위로 딴딴한 흙이나 모래층이 쌓이면서 열과 압력을 받으면 천연가스와 석유가 돼요.

    석탄, 천연가스, 석유를 합쳐서 '화석 연료'라고 불러요. 생물이 화석같이 굳어져 만들어진 물질이기 때문이에요. 화석 연료 안에는 탄소 형태의 엄청난 에너지가 들어 있어요. 태워서 에너지를 낼 수 있어 '연료'라고 부르고, '화석 에너지원'이라고도 하지요. 그런데 화석 연료를 태우면 그 안에 들어 있던 탄소가 산소랑 결합해 이산화탄소로 변해요. 그러고는 대기 중으로 올라가 그곳에서 머물러요. 놀랍게도 1000년까지 머물 수 있다고 해요.

화석 연료가 아닌 지구상 대부분의 탄소는 암석, 바로 석회암에 들어 있지요. 석회암은 아주아주 먼 옛날에 지구에서 살았던 조개나 해양 동물의 껍질로 이루어졌어요. 석회암 역시 아주 오랜 세월 동안 그 속에 탄소를 저장해 왔어요. 오늘날에는 거대한 열 장치를 통해 석회암을 녹여 시멘트로 바꾸어요. 이 과정에서 역시 탄소에 날개가 달려 이산화탄소가 된 다음, 공중으로 달아나 버린답니다!

지구에서는 꽁꽁 언 상태로 보관되어 있는 탄소도 있어요. 한대 기후나 아한대 기후 지역의 땅속은 냉동실처럼 1년 내내 얼어 있어요. 이런 땅을 '영구 동토층'이라고 하는데, 여기에서는 동물이나 식물의 사체나 잔재가 썩지 않아요. 그래서 그 속에 든 탄소도 그대로 갇혀 있답니다. 지구가 더워지고 기후가 변하면 영구 동토층이 녹고, 그 안에 갇혀 있던 탄소도 이산화탄소가 되어 대기 중에 방출돼요.

탄소에 날개를 다는 일은 숲에서도 일어나요. 숲은 공기 중 이산화탄소를 빨아들이고, 산소를 내뿜어요. 그러면 에너지가 풍부한 탄소가 남아요. 이런 탄소 에너지 덕분에 나무와 식물이 쑥쑥 자라지요. 그런데 숲을 자꾸 개간하고 나무를 태우면, 나무 안에 들어 있던 탄소가 다시 이산화탄소로 변하고 말지요.

자투리 지식

1975년 찰스 데이비드 킬링이라는 사람이 공기 중 이산화탄소 함량을 체계적으로 측정하기 시작했어요. 이전보다 훨씬 정확한 측정 기기를 개발했거든요. 덕분에 공기 중 이산화탄소 농도가 계속해서 상승하고 있음을 알게 되었어요.

소가 방귀를 끼면

…다른 온실가스들은 어디에서 올까?

다른 온실가스들도 이산화탄소처럼 지구상에서 자연스럽게 생기고 존재해요. 하지만 마찬가지로 가스의 양이 너무 많이 늘면 문제가 된답니다.

메탄(CH_4)

메탄은 이산화탄소 다음으로 중요한 온실가스예요. 이산화탄소보다는 대기 중 함량이 훨씬 적지만, 기후에 미치는 영향은 같은 양을 기준으로 이산화탄소보다

21배나 커요! 메탄은 무엇보다 소, 양, 염소 등 가축이 되새김질할 때 위에서 생겨나요. 그리고 트림과 방귀를 통해 밖으로 배출돼요.

트림과 방귀

오늘날 전 세계에서 약 10억 마리의 소가 먹이를 먹고 트림을 하고 방귀를 뀌어요. 양도 10억 마리쯤 있고, 염소도 엄청나게 많이 있는데 이들이 모두 메탄을 내보낸다고 생각해 보세요. 야생 동물 중에도 누, 기린, 영양, 사슴, 오카피 등은 되새김질을 하지만, 이들의 트림이나 방귀는 온실가스의 증가에 그다지 영향을 미치지 못해요.

이밖에 식물이나 동물의 사체가 부패할 때도 메탄가스가 나와요. 또 쓰레기 하치장에서도 아주 많은 양의 메탄가스가 나오지요. 방귀나 쓰레기에서는 고약한 냄새가 나지만, 사실 메탄 자체는 아무 냄새도 나지 않아요.

아산화질소(N_2O)는 '웃음 가스'라는 별명 때문에 무언가 좋은 것처럼 들리지만, 그렇지 않아요. 이 기체는 같은 양을 기준으로 이산화탄소보다 300배는 더 효과가 큰 온실가스예요. 대기 중에 존재하는 양이 굉장히 적지만, 이상 기후로 이어지는 온실 효과에서 거의 10%를 담당하지요. 농사를 지을 때 질소를 함유한 비료, 두엄, 거름 같은 것을 밭에 뿌리면 아산화질소가 발생해요.

오존(O_3)

지구 대기권 위쪽을 성층권이라고 부르는데, 성층권에 있는 오존층은 태양에서 나오는 위험한 자외선으로부터 우리를 보호해 주어요. 하지만 성층권 아래에 위치한 대류권에 존재하는 오존은 온실가스 역할을 하지요.

자투리 지식
이산화탄소는 가장 흔한 온실가스예요. 그래서 다른 온실가스의 효과를 측정할 때 이산화탄소를 기준으로 삼아요. 온실가스로서의 효과를 이산화탄소의 양으로 표시하는 거예요.

화산이 토해 내는 것

·· 에어로졸은 기후에 어떤 영향을 줄까?

기후에 영향을 미치는 대기 중 물질에는 '에어로졸'도 있어요. 에어로졸은 대기 중에 떠다니는 아주 작은 고체나 액체 입자들로 꽃가루, 박테리아, 사막의 모래 먼지, 바다의 소금 입자, 화산재 등을 말해요. 우리 사람도 공장 굴뚝에서 나오는 연기, 자동차 배기가스 등을 통해 많은 양의 에어로졸을 발생시키지요.

에어로졸은 온실 효과와는 직접적으로 관계가 없지만, 다양한 방식으로 기후에 영향을 미쳐요. 에어로졸로 인해 기온이 올라갈 수도 있고 내려갈 수도 있거든요. 떠다니는 물질의 종류와 크기, 그 물질이 존재하는 높이 등에 따라 어떤 영향을 끼치는지가 달라져요. 에어로졸은 구름의 형성에도 중요한 역할을 해요. 대기 중에 떠다니는 미세한 입자에 물방울이나 얼음 결정이 달라붙으면 구름이나 안개가 되거든요.

그런데 엄청난 양의 에어로졸을 뿜어 내는 게 있답니다. 바로 화산이에요. 화산이 화산재나 그을음, 먼지 등의 물질을 내뿜고 나면 한동안 기후에 큰 변화가 오고 혼란이 생길 수 있어요. 1883년 인도네시아의 크라카타우 화산이 분출했을 때, 엄청난 폭발로 인해 화산재가 27km 상공까지 치솟았어요. 화산재가 만든 구름 때문에 지구에 도달하는 태양 에너지가 보통 때보다 훨씬 더 줄어들었지요. 결국 전 지구의 기후가 서늘해졌고, 여러 해 동안 저온 현상이 나타났어요. 이걸 '화산 겨울'이라고 불러요. 이때 인도네시아에 최초로 눈이 내렸다고 해요.

자투리 지식

인도네시아에는 특히나 화산이 많아요. 크라카타우 화산보다 72년 앞서 1815년에는 탐보라 화산이 분출했는데 이때 폭발로 인해 대기 중으로 분출된 먼지가 전 지구에 걸친 기후 변동을 일으켰지요. 이듬해인 1816년은 역사에 '여름이 없었던 해'로 기록되었고, 이즈음 흉년이 들어 많은 사람이 굶주려야 했어요.

기후가 변하면 무슨 일이 생길까?

이제 기후가 무엇이고, 무엇에 영향을 받는지를 좀 더 잘 알게 되었을 거예요.
태양, 바람, 대양, 물 순환, 대기가 모두 기후에 영향을 주었지요. 대기 중 차지하는
비율이 적은 온실가스가 기후에 크게 영향을 미친다는 것도 알게 되었어요.
자연은 아주 섬세한 시스템이고, 자연에서의 순환 과정은 어느 하나만 따로
이루어지는 게 아니라 서로 맞물려서 돌아가요. 그래서 어느 한 부분이 변하면
그 변화가 다른 부분에도 영향을 끼치게 되어요. 그렇게 도 면 변화가 맨 처음
어디에서부터 시작되었는지 알아내기 어려워지지요. 연구자들은 기후 변화를
일으키는 여러 요소간의 연관성을 알아내기 위해 꼼꼼하게 조사하고, 고민하고,
계산하고, 정보를 모으고, 기지를 발휘한답니다.
이번 장에서는 우리 사람이 기후에 미치는 영향들을 살펴보고, 기후가 이대로 계속
변화하면 동물과 식물, 인간의 삶이 어떻게 되는지를 알아볼게요.

* 기후의 균형이 깨지면 무슨 일이 일어날까요?
* 어떤 변화가 생길까요?
* 왜 그럴까요?

옛날에도 그랬잖아
·· 기후가 변하는 게 왜 문제일까?

공룡들은 어마어마한 찜통더위 속에서 침엽수 잎들을 씹어 먹었어요. 털이 북실북실한 매머드는 높이 쌓인 눈 속을 터벅터벅 걸었고요. 따지고 보면 지구의 기후는 늘 변화해 왔어요. 그러니 지금 기후가 변한다고 해서 뭐 그리 흥분할 필요가 있을까요?

맞아요. 기후 변화는 지구에서 처음 있는 일은 아니에요. 지구는 46억 년을 지나오면서 산전수전을 다 겪었어요. 한때는 활활 타오르는 불덩이가 되었고, 한때는 아주 차가운 눈덩이도 되었지요. 몇몇 학자들에 따르면 약 7억 년 전 지구는 온통 얼음으로 뒤덮여 있었다고 해요. 우주에서 봤다면 파란 공이 아니라, 하얀 공으로 빛났을 거예요. 기후가 변하면 지구 자체에는 별 문제가 되지 않아요. 하지만

지구에 사는 생물들에게는 아주 큰 문제예요! 공룡과 매머드도 갑작스럽게 기후가 크게 변하는 바람에 멸종해 버렸으니까요.

   지난 1만 1500년간 지구의 기온은 상당히 안정되어 있었어요. 인간에겐 굉장히 좋은 일이지요. 내내 지구에서 쾌적하게 살 수 있었으니까요. 인간은 더 이상 기후 때문에 옮겨 다니지 않아도 되었고, 어느 한 곳에 자리 잡고 살면서 지구의 구석구석까지 퍼져 나갈 수 있었어요.

지구가 스스로 기후를 기록해요

지구는 서서히 오랜 시간에 걸쳐 만들어지는 모든 것에 기후 변화를 기록해 놓아요. 아주 오래된 얼음, 바다 깊숙한 곳의 퇴적층, 석회 동굴, 나무의 나이테,

산호 등에 말이에요. 우리 사람은 이런 지구의 기록들을 잘 읽어 내려고 노력하고 있어요.

예를 들어 남극에 천공기를 가져가 빙하 아래로 수천 m 깊이까지 내려보내 구멍을 뚫으면, 약 3km의 얼음 기둥을 꺼낼 수 있지요. 극지방의 얼음은 몇만 년 동안 눈이 차곡차곡 쌓여 두께가 몇 km에 달해요. 이 얼음 기둥을 따라 연구하면 지구의 기후 역사가 어떠했는지를 알아낼 수 있어요.

천공기로 채취한 얼음 중 지금까지 가장 오래된 것은 약 90만 년 전에 만들어졌다고 해요! 얼음 속에는 먼 옛날에 만들어진 기포(공기 방울)와 먼지가 들어 있어요. 이들이 지구 기후의 역사를 알려 주지요. 특정 시기에 이산화탄소가 얼마나 있었는지도 알 수 있어요.

연구 결과, 지구는 약 10만 년 간격으로 온난기(따뜻한 시기)와 빙하기(추운 시기)를 번갈아 겪어 왔다고 해요. 이러한 기후 변화는 아주아주 느린 속도로 일어나요. 하지만 지금 우리가 겪고 있는 기후 변화는 그렇지 않아요. 지구가 겪은 이전의 기후 변화보다 훨씬 속도가 빠르거든요. 지난 100년간 지구의 평균 기온이 약 1℃나 상승했어요. 또 지난 60년간을 10년씩 나눠 평균 기온을 내 보면, 기온이 더 낮아진 적이 한 번도 없답니다.

자투리 지식

우리가 지금 빙하기에 살고 있다는 걸 알고 있나요? 빙하기 중 비교적 온난한 시기를 지나는 중이에요. 남극과 북극 중 최소한 한 군데가 얼음으로 덮이는 시기를 빙하기라고 한답니다.

지구가 열이 난다고?
·· 왜 기온이 오를까?

감기에 걸려서 체온이 올라간 적이 있을 거예요. 그럴 때 우리 몸은 평소보다 열을 더 많이 만들어 내요. 이런 열은 몸속에서부터 나오는 것이고, 주변 기온과는 아무 상관이 없어요.

지구의 온도 역시 외부에서 오는 열이 더 많아져서 올라가는 게 아니어요. 태양이 늘 같은 강도로 빛을 내리쬐지는 않지만, 그렇다고 해서 태양 복사 에너지의 변화가 우리가 지금 경험하고 있는 기온 상승을 일으킬 만큼은 아니에요.

열이 어디에서 오는지 추적하기

그렇다면? 과학자들은 지구의 온도 변화를 일으키는 요인이 무엇일까를 열심히 살펴보았어요. 앞에서 이야기한 남극의 얼음 기둥이 연구에 도움을 주었지요. 특히 얼음 속에서 찾은 온실가스들이 말이에요. 온실가스 양의 변화가 지금까지의 지구 기후의 변화와 연관이 있는 것으로 나타났어요. 이산화탄소의 농도 변화에 비례하여 기온도 변화했거든요.

늘어나는 온실가스

지금으로부터 약 250년 전인 18세기 말에 증기 기관이 발명된 이래로 우리는 석탄, 석유, 천연가스와 같은 화석 연료를 대량으로 이용하고 있어요. 화석 연료를 태워서 공장에서 제품을 생산하고, 건물을 짓고, 교통수단을 움직이고, 집에 난방도 하지요. 그 결과, 집에만 난방을 하는 게 아니라 지구에도 뜨뜻하게 난방을 하는 셈이 되었어요. 이 모든 활동에서 이산화탄소가 발생해서 온실 효과를 부추겼으니까요.

오늘날 대기 중 이산화탄소 농도는 적어도 80만 년 이래 최고를 기록하고 있어요. 화석 연료를 이용하여 공장을 가동시키는 산업 혁명이 일어나기 전보다 44%가 상승했지요.

지구의 바다와 숲은 이산화탄소를 빨아들여 대기 중 이산화탄소 농도를 줄여 주는 완충 역할을 해요. 하지만 갈수록 이런 역할을 하는 데에 허덕이고 있어요. 감당이 안 될 정도로 이산화탄소의 양이 늘어난 거예요. 지금은 대기 중으로 방출되는 이산화탄소의 절반 정도를 바다와 숲이 처리하고 있어요. 나머지 절반은 대기 중에 남아 온실 효과를 부채질하지요. 그만큼 온난화는 더욱 빠르게 진행돼요.

우리 지구는 점점 촘촘해지는 자신의 보호막에 싸여 땀을 흘리고 있어요.

자투리 지식

몸에 열이 난다는 건 우리가 아프다는 표시예요. 체온이 1°C만 높아져도 몸 상태는 크게 달라져요. 체온이 38°C가 되면 오들오들 춥고 떨리는 오한이 나고, 40°C가 되면 몸이 축 늘어지며, 42°C에 이르면 생명이 위험해져요. 지구 역시 기온이 1°C만 상승해도 환경에 상당한 변화를 가져온답니다.

얼음이 없으면 북극곰도 없어
…북극곰은 왜 얼음이 필요할까?

북극곰의 털은 그들이 사는 세상처럼 하얀색이에요. 북극곰은 북극 지방의 얼음 위에서 살아요. 북극곰은 알래스카 불곰과 함께 지구에서 가장 몸집이 큰 육식동물이에요. 유빙에 올라가 있다가 먹잇감을 사냥하지요. 유빙이란 바다에 떠 있는 얼음을 말해요. 북극의 바다에는 커다란 얼음덩어리들이 서로 촘촘하게 붙어 떠 있답니다. 북극곰은 사냥할 때 잘 숨어 있다가 물개나 물범이 숨을 쉬기 위해 물에서 몸을 내밀거나 얼음 위에서 휴식을 취할 때를 틈타 그들을 덮쳐요. 북극곰은 물속에서는 사냥을 잘 못해요. 물속에서는 물개나 물범들이 잽싸게 도망쳐 버리기 때문이에요. 그래서 북극의 얼음이 줄어들면 북극곰의 사냥 구역도 줄어들고, 북극곰이 살아갈 수 있는 공간도 줄어들게 되는 거예요.

   기후 변화로 인해 북극은 세계의 그 어떤 지역보다 더 빠르게 따뜻해지고 있어요. 온난화가 진행되면서 얼음도 빠른 속도로 녹고 있지요. 50년쯤 지나면 북극에 있는 얼음의 70% 이상이 사라질 거라고 해요. 북극곰에게는 별로 좋은 소식이 아니지요.

점점 빨라지는 온난화

얼음이 녹고 그 아래로 땅이나 해수면이 드러나면, 온난화는 더욱 빠르게 진행될 거예요. 하얀 얼음보다 어두운 표면이 태양열을 더 많이 흡수하기 때문이에요.

한편, 북극곰은 바로 이런 원리를 활용해 체온을 유지해요. 흰 털 아래 숨겨진 북극곰의 속살은 아주 새까만데, 그래서 열을 잘 흡수하고 저장하지요.

자투리 지식
북극곰이 앞발로 얼음에 남기는 발자국에는 특유의 향기 나는 물질이 묻어나요. 이 물질이 짝을 이룰 상대를 찾는 데 도움을 주어요. 얼음이 자꾸 녹으면 북극곰은 짝을 만나기도 어려워질 거예요!

지구에서 생명체가 가장 많이 모인 곳은 어디일까요? 우리 사람이 모여 사는 대도시일까요? 아니에요. 바로 산호초 군락이랍니다. 산호초 군락은 산호충이 모여 만든 나뭇가지 모양의 산호초가 크게 덩어리를 이룬 거예요.

 가장 크고 유명한 산호초 군락은 오스트레일리아 해안에 있는 그레이트배리어리프(Great Barrier Reef)예요. 산호초 군락이 장장 2300km나 뻗어 있답니다! 서울에서 부산까지 다섯 번 정도 간 거리와 같아요.

 산호초 군락에는 흰동가리, 오징어, 복어, 리프 상어, 바다거북, 해마 등 전체 해양 생물 종의 4분의 1 이상이 함께 모여 살고 있어요. 산호초에는 해조류도 붙어살지요. 산호초 군락이 알록달록 화려한 색깔을 띠고 있는 것도 해조류 덕분이에요.

 조류와 산호는 서로 공생하며 영양분을 주고받아요. 그런데 조류는 수온에 민감해서 여름에 바다의 수온이 1℃만 더 상승해도 산호에 유독한 물질들을 만들어 내요. 그러면 산호초는 어쩔 수 없이 조류들을 떨쳐 내야 해요. 조류를 떨쳐 낸 자리는 허여스름한 석회질 성분이 드러나게 되지요. 이를 '백화 현상'이라 불러요.

조류가 없으면 산호초는 양분이 부족해져서 굶어 죽을 위험에 처해요. 수온이 다시 내려가야 새로운 조류들이 산호초에 살 수 있고, 그래야 산호초도 살아남을 수 있지요. 바닷물의 수온이 높은 상태로 너무 오래 있으면 산호는 멸종할 수밖에 없어요. 더 큰 문제는 산호초가 사라지면 흰동가리나 다른 수많은 해양 생물들이 살아갈 공간을 잃게 된다는 거예요.

큰 바다에는 물이 어마어마하게 많아서 수온이 한꺼번에 똑같이 상승하지는 않아요. 전 세계 대양의 수온은 35년 사이에 0.5℃ 정도 상승했어요. 그런데 2015년에 그레이트배리어리프 주변의 수온은 보통 때 30℃ 이하였던 것이 33℃까지 치솟았지요. 그리고 이듬해인 2016년, 그레이트배리어리프의 90% 이상에서 백화 현상이 일어났어요.

계속 이렇게 바닷물의 온도가 높아지면 오랜 세월 바닷속에서 살아온 산호초 군락이 기후 변화에 희생된 최초의 작은 생태계가 될지도 몰라요.

자투리 지식

산호초를 꽃 화(花) 자를 써서 '화충류'라고도 불러요. 동물이지만 꽃처럼 생겼고, 꽃처럼 움직이지도 않기 때문이지요. 그래서 기후가 변한다고 다른 곳으로 도망칠 수도 없답니다. 환경 운동가들은 그레이트 배리어 리프가 오스트레일리아에서 살아가는 사람과 같은 자격을 얻게 하려고 노력하고 있어요. 정말 그렇게 된다면 정부가 그레이트 배리어 리프를 시민처럼 대하고 보호해야 하거든요.

바닷속 이산화탄소가 계속 늘어나면?

·· 해양 산성화는 어떻게 멸종으로 이어질까?

바다는 엄청나게 거대한 스펀지처럼 공기 중 이산화탄소를 빨아들여요. 그렇게 해서 지난 200년간 인류가 배출한 이산화탄소의 4분의 1, 즉 25%가 바닷속으로 들어가 버렸어요. 대기 중에 이산화탄소가 너무 많으면 안 좋다고 했으니 좋은 일 아닌가요?

하지만 그런 다음에는 어떻게 될까요?
바닷속으로 흡수된 이산화탄소는 그냥 사라지는 걸까요?
이산화탄소는 바닷물 속에서 탄산으로 바뀌어요. 레모네이드를 마실 때 싸한 느낌을 주는 바로 그 탄산이요. 그렇다고 바다가 탄산음료처럼 부글부글 끓어오르는 건 아니지만, 약하게 산성을 띠는 탄산 때문에 바닷물 속 산도는 계속 증가해요. 산업화 시대가 시작된 이후 바닷물 속 산 함량이 거의 30%나 늘어났어요.

여러 해양 생물은 바닷물 속 산도가 높아지는 것을 좋아하지 않아요. 특히 석회질 껍데기를 가진 생물들이요! 탄산은 해양 생물이 석회를 만들어 내는 걸 힘들게 하고, 석회질 껍데기를 공격하고 심지어 녹이기도 하거든요. 이 때문에 조개, 바다달팽이, 성게, 불가사리, 산호초(이번에도 산호초가 위험하군요!), 동물성 플랑크톤이 생존에 위협을 받아요.

좋은 신호가 아니에요

이렇게 계속 가면 석회질 껍데기를 가진 동물들이 지구에서 사라질 거예요. 처음 있는 일은 아니이요. 지질학자들은 바위로 이루어진 지층을 관찰하여 어느 부분에서 하얀색 석회질 퇴적층을 발견했어요. 그 부분은 지구의 역사 가운데 '백악기'라는 기간을 나타내요. 백악기는 지금으로부터 약 6500만 년 전에 끝났어요. 석회질을 만들어 내는 해양 생물이 사라졌기 때문이에요. 우리가 잘 아는 공룡도 이때 사라졌어요. 이때의 대량 멸종은 아마도 운석 때문일 거예요. 과학자들은 우주를 떠다니던 운석이 지구와 충돌하면서 큰 기후 변화와 많은 생명체의 멸종이 일어났다고 추측해요. 지금의 기후 변화가 지구에 얼마나 큰 충격을 주고 있는지 짐작할 수 있지요.

자투리 지식

큰 고래, 연어, 청어 등 많은 해양 동물이 물속에서 사는 작은 생물인 동물성 플랑크톤을 먹고 살아요. 동물성 플랑크톤이 줄어들면 해양 동물이 먹을 먹이도 줄어들게 되고, 그러면 자연히 우리 식탁에 오를 생선도 줄어들 거예요.

물에 잠기는 도시들
··· 해수면이 상승하면 어떻게 될까?

지구 온난화가 진행되면서 바닷물은 더 따뜻해지고 팽창해요. 빙하와 극지방의 얼음이 녹아서 대륙에서 얼음 상태로 있던 물마저 바다로 흘러들게 되지요. 그러면서 해수면도 상승해요. 현재 전 세계적으로 매년 3.4mm씩 해수면이 상승하고 있어요. 만약 육지의 얼음이 다 녹아 바다로 흘러들게 된다면 해수면은 무려 66m나 상승하게 될 거라고 해요!

 뉴욕, 상하이, 베네치아의 거리에 돌고래가 출몰한다고 상상해 보세요. 물고기 떼가 이 집 저 집으로 몰려다니고, 공원 벤치에는 조개들이 자리를 잡아 자라고요. 순전히 상상이지만, 이게 또 상상만은 아니에요. 연구자들은 2100년까지(그때가 되면 여러분은 할머니나 할아버지가 되어 있겠지요.) 해수면이 1m 정도 상승할 수 있다고 내다보고 있어요. 그렇게 되면 몇몇 섬이나 바닷가에 위치한 도시들은 모두 물에 잠길 거예요.

 해수면이 상승해서 위험이 초래된다고 해도 잘사는 나라들은 크게 피해를 입지 않아요. 이들 나라에서는 지금도 홍수에 대한 대비가 철저히 이루어지고 있으니까요. 가령 네덜란드는 지표면이 바다의 수면보다 낮은 지역이 많은 나라예요. 네덜란드 사람들은 자신들이 사는 땅을 지키기 위해 둑 쌓기 선수가 되었지요. 많은 돈을 투자해 기후 변화와 해수면 상승에 대비한답니다.

 하지만 가난한 나라들은 사정이 달라요. 인구가 1억 6500만 명인 방글라데시는 해수면이 높아지면서 많은 피해를 보고 있지만, 뾰족한 대책을 마련하지 못했어요. 방글라데시 땅은 해수면과 불과 얼마 차이가 나지 않아요. 해수면이 상승해서 바닷물이 넘치면 토양이 소금기를 띠게 되어 농사를 지을 수가 없어요.

농사는커녕 지붕 위로 대피해야 하는 상황이 벌어질지도 모르고요. 범람이 심해지면 어쩔 수 없이 살던 곳을 떠나야 해요. 그런데 대부분의 방글라데시 사람들이 가난하기 때문에 무방비 상태로 살아갈 수밖에 없어요.

몰디브도 비슷한 상황이에요. 몰디브는 인도양의 1000여 개의 섬으로 이루어진 나라인데 나라 전체가 바다에 가라앉을 위기에 처해 있어요. 몰디브 대통령은 이미 2009년에 자신들의 나라가 처한 위기를 알리기 위해 기후 컨퍼런스를 개최했어요. 컨퍼런스는 물속에서 개최되어 더욱 큰 주목을 끌었어요. 회의에 참석한 모든 장관이 잠수복을 입고, 유성펜으로 성명서에 사인을 했지요. 성명서의 내용은 세계가 이산화탄소 배출량을 줄이는 데 적극 동참해야 한다는 것이었어요.

해수면 상승은 도시뿐 아니라 동물도 위협해요. 해수면이 상승하면서 벌써 사라진 동물도 있어요. 호주의 그레이트배리어리프 북쪽에 있는 작은 섬에는 '브램블 케이 멜로미스'라는 토착 설치류가 살았어요. 그런데 해수면의 상승으로 넘쳐난 바닷물에 섬이 잠기면서 이 쥐가 살아가던 공간이 파괴되고 말았어요 브램블 케이 멜로미스는 기후 변화로 지구에서 사라진 최초의 포유류랍니다.

자투리 지식
물에 떠 있는 얼음(가령 북극의 유빙이나 빙산)은 녹아도 해수면에 변화가 생기지 않아요. 녹아서 생긴 물이 어차피 전에 얼음이 있던 자리를 차지하니까요.

지구의 허파, 열대 우림의 위기

·· 숲이 왜 중요할까?

1년 내내 기운이 높고 비가 많은 적도 부근의 열대 지방에 있는 울창한 숲을 '열대 우림'이라고 불러요. 열대 우림은 자연이 만든 놀라운 작품이에요. 사람들은 열대 우림을 '지구의 푸른 허파'라고 불러요. 열대 우림이 엄청난 양의 이산화탄소를 들이마시고, 산소를 배출하기 때문이에요. 열대 우림의 나무와 땅이 저장하는 이산화탄소는 거대한 바다가 저장하는 이산화탄소 다음으로 양이 많답니다.

또한 열대 우림은 생명력이 넘쳐나는 곳이에요. 남아메리카 북부의 아마존강 유역의 거대한 열대 우림에는 육지에 사는 생물 종의 거의 절반이 해당하는 다양한 생물이 살아가지요.

인간이 열대 우림을 탐내는 이유 가운데 하나는 땅이 비옥하여 기름야자, 대두, 바나나, 커피 등을 재배할 수 있기 때문이에요. 그래서 숲의 나무들을 함부로 베어 내고, 농장을 세우거나 가축을 기르기 위한 목초지를 만들지요. 거대한 숲이 점차 파괴되면서 푸른 허파의 호흡이 끊어지고 있어요. 숲이 더 이상 이산화탄소를 흡수하지 못하고, 저장되어 있던 이산화탄소마저 대기로 배출되고 있지요. 인류가 만들어 내는 이산화탄소의 5분의 1은 숲과 나무가 파괴되면서 배출된 것이에요.

열대 우림뿐 아니라 전 세계에서 1분마다 축구장 42개 면적에 해당하는 숲이 사라지고 있다고 해요. 상상하기 어려울 정도로 어마어마한 양이에요!

자투리 지식
콜롬비아에서는 얼마 전부터 우림을 마치 사람인 것처럼 대우한대요. 그래서 숲에 해를 가한 사람은 형사 처벌을 받을 수 있다고 해요.

이런, 팜유!

많은 기름야자가 열대 우림을 파괴한 땅에서 재배되어요. 그 기름야자로 만든 팜유가 우리가 매일같이 먹는 많은 음식에 들어 있어요. 아이스크림, 초콜릿 크림, 인스턴트 수프 등이 팜유가 들어 있는 대표적인 음식이에요. 이 밖에 얼굴에 바르는 크림에도 팜유가 들어 있지요. 열대 우림을 희생하여 나온 팜유를 먹고 싶지 않다면 식품 포장지의 원재료 표시를 유심히 살펴보세요!

자투리 지식

지구 온난화가 진행되면 어떤 동물은 옷을 잘못 입은 탓에 피해를 입어요. 북방족제비는 겨울에 하얀 털옷을 입어요. 눈 속에서 적의 눈에 띄지 않기 위해서예요. 그런데 온난화 때문에 눈이 오지 않으면 이런 위장술이 통하지 않아요. 그래서 쉽게 다른 동물의 먹이감이 된답니다.

헷갈리는 동물들
·· 지구 온난화는 동물들에게 어떤 변화를 가져올까?

겨울 철새는 추운 계절을 남쪽에서 보내요. 여름이면 다시 먼 거리를 이동해서 돌아오는데, 지구 온난화 때문에 원래 지내던 곳의 여름이 빨리 시작되었던 걸 철새들은 알 길이 없지요.

알락딱새들은 여름에 유럽으로 돌아와서는 새끼 새들을 먹이는 데에 어려움을 겪어요. 새끼들이 좋아하는 먹이인 애벌레가 기온이 일찍 높아지면서 이미 나비가 되어 날아가 버린 다음이거든요.

뻐꾸기는 몰래 다른 새들의 둥지에 알을 낳지요. 다른 새들이 뻐꾸기의 알까지 품어 주게끔요. 그런데 뻐꾸기가 따뜻한 곳에서 겨울을 보내고 돌아와 보니 부쩍 따뜻해진 날씨 탓에 다른 새들이 이미 오래전부터 알을 낳아 품고 있는 거예요! 이런 사실을 알 리 없었던 뻐꾸기들은 다른 새의 둥지에 몰래 알을 낳을 수가 없어 애를 먹게 돼요.

한편, 동면쥐는 겨울잠에서 깨어나면 새끼 쥐들을 기를 나무 구멍을 찾아요. 그런데 지구 온난화 때문에 이전보다 겨울잠에서 일찍 깨어나면 대부분의 구멍에 아직 새 가족이 살고 있어요. 동면쥐는 옳다구나 하고 아기 새들을 잡아먹고는 집을 차지해 버리지요.

적응하거나 이사하거나 어쩔 도리가 없거나
꽃이 피거나 곤충의 애벌레가 자라는 시기, 새가 부화하는 시기는 이렇게 모두 맞물려 돌아가요. 그래서 하나가 밀려나면 다른 것들도 영향을 받게 되고, 결국 어디선가 어떤 동물은 불편함을 겪어야 해요.

맞춰 살거나 이동하거나
·· 지구 온난화에 적응할 수 있을까?

지구의 기온이 높아지면 추운 곳에 살던 동물과 식물은 서식지를 서서히 더 추운 북쪽이나 산속으로 옮겨야 해요. 동물들이 서식지를 바꾸는 바람에 예전에는 주변에서 볼 수 없었던 동물들이 우리 근처에 등장하기도 한답니다.

   독일에는 원래 사마귀와 벌잡이새가 없었지만, 요즘에는 둘을 곧잘 볼 수 있어요. 한국과 중국에서는 원래 열대 지방에 서식하던 흰줄숲모기가 종종 보여요. 이 모기는 벌건 대낮에도 사람을 물어요.

   더위를 피해 서늘한 곳으로 옮겨 온 식물 가운데에는 달갑지 않은 것도 있는데, 돼지풀이 바로 그래요. 현재 한반도에도 서식하고 있는 이 식물은 꽃가루 알레르기를 유발해서 주의가 필요해요.

   알레르기성 비염이 있는 사람들은 온난화로 점점 더 곤란을 겪게 될 것 같아요. 이산화탄소가 늘어 기온이 상승하면 꽃가루가 더 많이 생겨나고 꽃가루가 날리는 계절도 더 길어지기 때문이에요. 게다가 꽃가루와 공기 중 오염 물질이 결합하는 바람에 비염 환자들은 더욱 괴로울 따름이에요.

동물이나 식물은 기온이 높아지면 거기에 적응해야 해요. 아님 서식지를 옮겨야 하지요. 만약 이 둘 중 어느 것도 가능하지 않으면 멸종하고 말 거예요.

가령 험준한 산악 지대에 사는 눈표범 같은 동물은 그곳이 너무 더워져도 선택 사항이 없어요. 이미 산꼭대기에 사는 터라 딱히 갈 데가 마땅하지 않거든요.

자투리 지식
약 30년쯤 지나면 우리나라 서울이 호주의 수도처럼 따뜻해질 수도 있다고 해요. 그러면 호주의 상징 동물인 캥거루가 서울을 살기 좋다고 여길 수도 있지 않을까요?

더우면 마르고, 마르면 사막이 되고

… 사막화는 어떻게 진행될까?

여름에는 더운 게 당연하지만, 아무리 여름 날씨라고 해도 요즘에는 더위가 너무 심한 것 같지 않나요? 지난 몇십 년간 여름에 폭염이 나타나는 날이 크게 늘었어요. 더워지면 호수나 바다에서 물놀이를 하기에는 좋을 것 같기도 해요. 하지만 농부나 숲을 관리하는 사람들에게 물어보면 이 더위가 반갑지 않다고 할 거예요. 여름이 뜨겁고 건조해진 탓에 극심한 가뭄을 경험하고 있을 테니까요. 여름 가뭄이 심해지면 곡식이 제대로

자라지 못하고, 초지도 말라 버리고, 나뭇잎들은 일찍 잎을 떨구어 버려요. 이런 더위에서는 어린 나무들이 살아남기가 어렵지요.

그뿐인가요? 건조한 날씨 때문에 숲에 큰 산불이 발생하고, 강에 물이 말라 물고기들이 떼죽음을 당하기도 해요. 사실 폭염은 물놀이를 하는 데에도 별 도움이 되지 않아요. 폭염으로 인해 남조류가 지나치게 번성하면 물이 녹색으로 변하는 녹조 현상이 일어나기 때문이에요. 녹색 물에서 물놀이를 하고 싶은 사람은 없을 거예요.

나이 들고 병약한 사람들은 폭염에 특히 취약해요. 폭염이 계속되면 노인들은 생명을 잃을 수도 있어요. 밖에서 일하는 노동자들도 폭염에 주의해야 해요.

실제로 최근 몇 년간 한국에서는 폭염으로 사망하는 노동자가 늘었어요.

폭염 속에서도 아직까지는 먹을 것이 충분하고 수돗물도 넉넉히 쓸 수 있어 대체로 잘 지낼 수 있었어요. 하지만 모두가 그렇지는 않았어요. 동아프리카에서는 2016년 이래 최악의 가뭄이 지속되어 농작물 피해가 심각한 나머지, 가난한 사람들이 끼니조차 제대로 못 이었다고 해요.

기온이 높아지면 점점 더 가물고 건조해지는데 여러 해 동안 비가 제대로 오지 않으면 땅이 황폐해져, 결국 사막이 된답니다. 지구 곳곳에서 나타나는 사막화는 큰 문제예요. 사막이 된 땅에서는 농작물이 자랄 수 없고 동물들이 먹을 식량도 사라져요. 그 지역에 살던 동물들과 사람들은 어쩔 수 없이 다른 곳으로 옮겨 가야 하지요. 뿐만 아니라 사막화 때문에 모래 폭풍이 발생하면 미세 먼지로 인한 피해도 늘어요. 한반도에서도 미세 먼지로 인한 피해가 심각한데, 그 이유 가운데 하나가 몽골의 사막화랍니다.

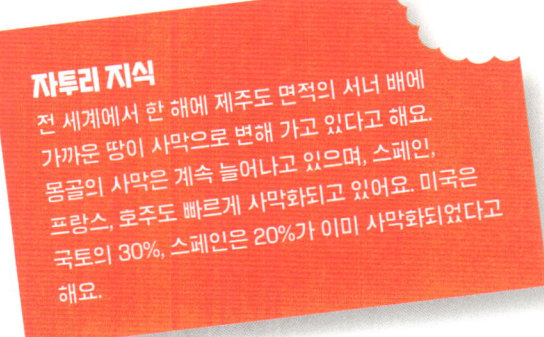

자투리 지식
전 세계에서 한 해에 제주도 면적의 서너 배에 가까운 땅이 사막으로 변해 가고 있다고 해요. 몽골의 사막은 계속 늘어나고 있으며, 스페인, 프랑스, 호주도 빠르게 사막화되고 있어요. 미국은 국토의 30%, 스페인은 20%가 이미 사막화되었다고 해요.

늘어나는 허리케인, 거친 날씨

·· 지구 온난화와 기상 이변은 어떤 관계일까?

도리안, 이르마, 마리아, 미카엘.

모두 2017년에서 2019년 사이에 대서양에서 발생했던 무시무시한 허리케인의 이름이에요. 가장 높은 5등급에 해당하는 초강력 허리케인이었지요. 이 정도의 허리케인이 찾아오면 바람이 시속 250km 이상으로 불고, 5.5m 이상의 높은 물결이 일어요. 5.5m면 아파트 두 층 정도의 높이에 해당해요. 그런 높이의 물결이 다가온다고 상상해 보세요!

이전에는 이런 초강력 허리케인이 그렇게 흔하지 않았어요. 날이 갈수록 세계 전역에서 태풍이나 허일, 집중 호우와 홍수가 점점 더 잦아지고 있어요. 이전과 아주 다른 기상 현상을 '기상 이변'이라고 하는데, 지난 50년간 기상 이변이 발생하는 횟수가 대폭 늘어났지요. 기상 이변도 지구 온난화와 관련이 있답니다.

허리케인은 열대 바다에서 발생해요. 그곳의 따뜻한 바닷물에서 에너지를 얻지요. 기후 변화로 인해 바닷물도 자꾸만 따뜻해지고 허리케인도 더 많이 생기는 게 당연해요!

허리케인이 발생하면 바람보다는 물로 인한 피해가 더 커요. 2019년에 많은 비와 높은 해일을 동반한 도리안이 카리브해의 바하마 군도를 강타했을 때 무려 주택 1만 3000처가 폭격을 맞은 듯 파손되었어요. 이 때문에 작은 섬나라 바하마의 인구 상당수가 보금자리를 잃었지요.

천둥 번개를 동반한 집중 호우가 내릴 때는 어떻게 해야 할까요?
이제 지구에 사는 어느 누구도 안심할 수 없어요. 태풍에 대비하여 몇 가지 행동 지침을 기억하세요. 우선 창문을 닫고, 목욕 중이었다면 당연히 멈춰야 해요. 언덕보다는 움푹 파인 곳으로 가는 게 좋고, 나무 밑으로는 가면 안 돼요. 나무 밑은 벼락이 떨어질 가능성이 크기 때문이에요. 피할 곳 없이 뻥 뚫린 공간에 있을 때는 가능한 한 몸을 잔뜩 웅크려야 하는데, 다리를 모으고 쪼그려 앉거나 무릎을 꿇는 자세를 취하세요. 우산은 펴면 안 돼요. 뾰족해서 자칫 전류가 통할 수 있거든요. 자동차 안에 있다면 그곳에서 기다려요. 하지만 나무 밑에는 주차하지 말아야 해요!

자투리 지식
우리가 보통 '태풍'이라고 부르는 것을 미국에서는 '허리케인', 인도양에서는 '사이클론'이라고 불러요. 또 호주에서는 '윌리윌리'라고 불러요. 태풍, 허리케인, 사이클론, 윌리윌리 모두 비바람을 동반하는 강력한 저기압을 부르는 말인데, 지역에 따라 달리 부르는 거예요.

번개가 번쩍하고 나서 천둥소리가 들리기까지 몇 초가 걸리는지 세면, 번개의 진원지가 얼마나 가깝고 먼지를 가늠할 수 있어요. 10초 안쪽이라면 번개의 진원지가 가깝다는 것이며, 위험할 수 있으니 빨리 피하라는 뜻이지요.

건강한 지구를 위해 우리 모두가

지금까지 지구의 기후가 어떻게 변해 가고 있는지, 우리가 기후에 어떤 영향을 미치고 있는지 살펴보았어요. 이대로 기후 변화가 계속되면 지구는 사람이 살 수 없는 곳으로 바뀔지도 몰라요. 우리가 이 지구에 살고 있는 한, 기후는 어떤 식으로든 우리에게 영향을 미칠 거예요. 그러니 기후 변화를 막기 위해 우리 모두가 적극적으로 노력해야 해요.

이제부터는 기후 변화를 막고, 인류가 건강하게 살기 위해 무엇을 할 수 있는지를 살펴볼게요. 크고 작은 일들을 하나하나 실천하다 보면 우리가 사는 지구를 좀 더 살기 좋은 쾌적한 곳으로 가꿀 수 있을 거예요.

발자국을 추적해 보자
·· 탄소 발자국이 무엇일까?

탄소라면 이산화탄소? 이산화탄소에 발이 달려 자국을 남기나요? 물론 그건 아니에요. 탄소 발자국은 어떤 사람, 혹은 어떤 상품이나 활동이 배출하는 이산화탄소의 양을 가리킨답니다. 모든 인간과 동물의 활동, 우리가 하는 거의 모든 일이 이산화탄소를 발생시켜요.

*큰 탄소 발자국
 = 많은 이산화탄소 = 기후에 안 좋아요.

*작은 탄소 발자국
 = 적은 이산화탄소 = 기후에 좋아요!

　여러분의 탄소 발자국을 계산해 보려면 여러분이 무엇을 주로 먹는지, 식료품은 어디에서 구입하는지, 어떤 교통수단을 이용하는지, 어떤 곳에 살고 있으며, 어떻게 난방을 하는지, 무엇을 소비하는지 등등을 알아야 해요. 탄소 발자국에 영향을 주는 이러한 것들을 살펴보면, 우리가 얼마나 탄소 발자국을 남기며 살아가고 있는지 알 수 있어요. 우리 선택에 따라 까치발을 선 것처럼 아주 작은 발자국을 남길 것인지, 엄청나게 큰 발자국을 남길 것인지가 달라진답니다.
　보통 경제적으로 잘사는 나라의 사람들이 빈곤한 나라의 사람들보다 더 큰 탄소 발자국을 남겨요. 한국도 1인당 연간 이산화탄소 배출량이 세계에서 10위 안에 드는 나라이지요. 우리도 이산화탄소 배출량을 줄이는 데 동참해야 해요.

어떤 활동이 탄소 발자국을 얼마나 만들어 내는지 어떻게 알까요?

우리가 먹는 식품의 탄소 발자국을 계산하기 위해서는 그 식품의 원료를 조달하는 단계에서부터 살펴보아야 해요. 원료를 원산지로부터 운반해서 식품을 생산하고 포장하여 우리 손에 들어오기까지 전 과정을 모두 고려해야 하지요. 여기에서 끝이 아니에요. 구입한 식품을 집으로 들여올 때 어느 정도의 거리에서, 어떤 교통수단을 이용해서 가져오는지, 또 어떤 포장재를 사용하고, 남은 음식은 어떻게 재활용하는지까지 생각해야 하거든요. 이 모든 것을 고려하는 건 정말 복잡한 일이에요. 가전제품, 자동차, 전등 같은 경우는 얼마나 에너지를 절약하는 제품인지도 살펴봐야 하고요.

복잡해서 일일이 따져 보기 어렵다면 제품에 붙어 있는 마크를 잘 살펴보는 일도 하나의 방법이에요. 요즘은 식품에도 여러 가지 마크가 붙어 있어요. 이런 마크들은 소비자가 양질의, 친환경 제품을 선택하는 데에 도움이 되지요. 만약 달걀을 산다면, 우리는 포장재에 찍힌 마크를 보고 이 달걀이 방목한 닭이 낳은 것인지, 집단 사육한 닭이 낳은 것인지를 구별할 수 있어요. 또 그 닭이 유기농 사료를 먹었는지도 알 수 있답니다. 하지만 안타깝게도 우리 장바구니에 담긴 식품이 탄소 발자국을 얼마나 남기는 것인지를 정확하게 표시하는 믿을 만한 마크는 아직 없어요.

어이, 포도! 너 어디에서 왔니?

··물건을 구입할 때 무엇을 확인해야 할까?

7월의 어느 화창한 날, 포도를 사러 간다고 생각해 보세요. 슈퍼마켓 진열대에 두 종류의 포도가 있어요. 하나는 칠레에서 재배한 유기농 포도이고, 하나는 우리가 사는 지역에서 재배한 유기농 포도예요.

로컬, 유기농, 제철 식품 - 기후에 좋은 세 가지

둘 다 좋은 포도나무에서 제대로 길렀어요. 화학 비료와 살충제를 쓰지 않고 유기농으로 재배하면 그렇지 않았을 때보다 아산화질소와 이산화탄소가 훨씬 덜 배출되어 기후에도 나쁜 영향을 덜 주지요.

그런데 해외에서 생산되어 우리에게 오는 농산물들은 같은 유기농 식품이어도 사정이 달라요. 칠레의 포도가 한국까지 와서 소비자의 장바구니에 담기려면 무려 1만 5000km 이상을 여행해야 해요. 시간상으로는 3주 정도가 소요되는데, 그동안 포도는 계속 냉장 보관된 채 화물차나 화물선으로 운반돼요. 여기에는 상당한 에너지가 필요해요!

반면 가까운 지역에서 생산된 포도는 소비자에게까지 가는 데에 100km도 되지 않는 짧은 여행만 거치면 돼요. 나무에서 따서 바로 접시에 담기면 더 좋겠지만, 그래도 칠레에서 오는 것에 비하면 짧은 거리이지요. 물건을 사는 소비자와 가까운 거리에서 생산된 농산물이나 식품을 '로컬 푸드'라고 해요.

이번에는 사과를 예로 들어 볼까요? 사과는 보통 6월에는 수확되지 않아요. 그런데도 6월에 아삭하고 맛있는 사과를 소비자가 맛보려면, 아무리 그 지역에서 생산된 사과라도 9개월 정도를 0℃에 가까운 냉장실에 보관해야 해요. 이 또한 커다란 탄소 발자국을 남기는 일이지요.

파인애플은 어떨까요?
파인애플은 필리핀이나 코스타리카 같은 열대에서 잘 자라요. 파인애플을 맛있게 먹으려면 열대에서 잘 익은 파인애플을 따서 얼른 비행기에 실어 와야 해요. 하지만 그렇게 한다면 그 과정에서 남기는 탄소 발자국이 어마어마할 거예요. 비행기로 실어 오면 배로 실어 오는 것보다 탄소 발자국이 170배는 더 커지니까요.

딸기는 어떨까요?
우리가 사는 지역에서 딸기는 어느 달에 제철인지 한번 찾아보세요. 달력에 제철 음식을 표시해 두면 편리하겠죠? 제철에, 가까운 지역에서 생산된 농산물을 이용해야 탄소 발자국을 줄일 수 있다는 걸 잊지 마세요.

자투리 지식
환경을 위한 소비를 하고 싶다면 장을 보러 갈 때 걸어가거나 자전거를 타고 가세요. 자동차를 이용하면 또 탄소 발자국을 남기게 되니까요. 플라스틱이나 비닐로 이중, 삼중으로 포장된 제품은 환경에 엄청나게 큰 부담을 준다는 것도 기억하세요.

기후 변화를 막는 음식

·· 음식을 먹을 때 무엇에 유의해야 할까?

오늘 여러분은 무엇을 먹었나요? 무슨 음식을 좋아하나요? 놀랍게도 인간이 만드는 온실가스의 약 3분의 1이 음식과 관련되어 있답니다.

사람이 정상적으로 생활하려면 하루 평균 2000kcal(식품은 에너지를 칼로리로 측정해요.) 정도가 필요해요. 그런데 하루에 동일한 열량을 섭취하더라도 어떤 음식으로 섭취하는지에 따라 기후에 미치는 영향이 달라져요.

지구에서 생산되는 곡식 중 상당한 양이 고기와 유제품, 달걀을 얻기 위해 가축을 기르는 데 쓰여요. 1cal에 해당하는 고기를 얻으려면 가축용 사료로 평균 약 10cal에 해당하는 곡식이 필요해요. 이렇게 소비되는 곡식으로 사람들을 먹인다면 40억 인분에 이른다고 해요. 현재 지구상의 인구가 약 76억 명이니, 육식을 덜 하면 기아에 시달리는 사람들이 줄어들 수도 있겠지요?

자투리 지식

음식물 쓰레기를 많이 버리는 것은 기후에 정말 안 좋아요. 명절이나 손님을 치르고 난 뒤 음식이 많이 남았을 때 아이디어를 보태면 맛있는 요리로 재탄생할 수 있어요.
하나 예를 들어 볼까요? 밥이 남았을 때 가장 간단한 요리는 볶음밥이지요. 냉장고를 뒤져 양파, 감자, 당근 등 남은 채소를 잘게 썰어 넣고 밥을 볶은 뒤에 소금과 후추도 뿌려 주면 완성!

만약 쇠고기 대신 돼지고기와 닭고기만 먹는다면 약 3억 5700만 인분의 식량을 더 확보할 수가 있다그 해요. 또 고기를 먹지 않고 달걀과 유제품까지만 먹는 채식을 하면 남는 곡물로 약 8억 1500만 명을 더 먹일 수 있다고 하지요.

우리가 먹는 음식에서 얼마나 많은 이산화탄소가 배출될까요?

(식품 1kg당 배출되는 이산화탄소 양)

쇠고기: 이산화탄소 12.29kg 돼지고기: 이산화탄소 4.15kg
닭고기: 이산화탄소 3.7kg 생선: 이산화탄소 6.29kg
우유: 이산화탄소 1.44kg 치즈: 이산화탄소 5.82kg
국수: 이산화탄소 0.46kg 두부: 이산화탄소 1.66kg
토마토: 이산화탄소 0.77kg
통조림이나 병조림 토마토: 이산화탄소 1.87kg

분리수거보다는 쓰레기 줄이기

·· 왜 쓰레기를 줄여야 할까?

물건을 오래 사용하면, 새로운 걸 만들지 않아도 되니 에너지와 원료가 절약돼요. 그럼 기후 변화를 막는 데에 좋겠지요. 당연해요!

하지만 우리는 살면서 많은 것을 아주 잠시만 사용하고는 버리곤 해요. 포장 재료나 빨대 같은 일회용품도 많이 쓰지요. 분리 수거하면 되지 않냐고요? 아무리 재활용 시스템이 잘 되어 있다고 해도, 분리해서 버리는 일보다는 쓰레기 자체를 줄이는 일이 훨씬 좋아요. 일상생활에서 쓰레기를 만들지 않는 생활 습관을 기르는 게 기후에는 가장 좋답니다.

가지고 싶은 물건은 자꾸 바뀌어요
얼마 전까지만 해도 예쁜 인형을 가지고 싶었는데, 이제 다른 캐릭터 상품을 가지고 싶어요. 조금 지나면 좋아하는 아이돌 굿즈도 가지고 싶을 거예요. 누구나 그래요. 좋아하는 것은 빠르게 바뀌고, 가지고 싶은 물건도 자꾸

바뀌어요. 갖고 싶어서 샀는데, 막상 사고 나니 쓸모가 없거나 더는 좋아하지 않게 되어 버린 물건은 어떻게 해야 할까요?

새 주인을 찾아 줘요

이제 자신에게는 필요 없지만 다른 친구들에게 유용하다 싶은 물건이 있다면 새 주인을 물색해 보세요. 필요로 하는 사람이 있을 거예요. 의류 수거함에 넣거나 벼룩시장이나 바자회에 내어놓는 것도 좋은 방법이지요. 여러분에겐 필요 없어진 물건이 어딘가에서는 요긴하게 쓰일지도 몰라요.

기후에 좋은 새 옷

새 옷이 꼭 진짜 새것일 필요는 없어요. 친구가 안 입는 옷, 중고 옷 가게에서 구입한 옷, 재활용 원단으로 만든 옷도 모두 새 옷이 될 수 있어요. 멀쩡하지만 색다르게 입고 싶다면 창의적인 아이디어를 보태 변신시키는 일도 좋지요.

진짜 원하는 것만 소비해요

소비와 기후는 친구가 될 수 없어요. 그래서 물건을 사기 전에는 나한테 너무나 중요해서 포기할 수 없는 것과 포기할 수 있는 것이 무엇인지 잘 생각해 보아야 해요. 내게 무엇이 필요하고 중요한지 잘 알고 있어야 현명한 소비를 할 수 있어요.

자투리 지식

어떤 물건은 수리를 할 수 없도록 만들어졌어요. 작은 부분만 고장이 나도 버리고 새로 구입해야 해요. 이런 물건을 만들면 기업에는 이득이겠지만, 기후에는 정말 좋지 않아요. 쓰레기 하치장에서는 초강력 온실가스인 메탄이 배출돼요. 쓰레기를 분리 수거하고 재활용하면 온실가스의 배출을 조금은 줄일 수 있어요.

새로운 대륙 발견?
·· 플라스틱이 기후 변화와 어떤 관계일까?

우리가 생산하는 플라스틱의 양은 해가 갈수록 늘고 있어요. 그와 더불어 기후 변화를 부추기는 이산화탄소의 배출량도 늘고 있지요. 세계 전역에서 1년간 플라스틱을 만들고 버리는 행위는, 같은 기간 동안 135개의 화력 발전소를 돌리는 것보다 더 많은 이산화탄소를 발생시킨답니다.

　플라스틱 쓰레기들은 바다로 흘러들어 가 커다란 쓰레기 섬이 되어 떠다녀요. 하나의 대륙을 방불케 할 만큼 거대한 크기예요. 2050년이 되면 바다에 물고기보다 플라스틱이 더 많을 거라는 예측도 나오고 있지요. 어떤 사람들은 거대한 플라스틱 쓰레기 더미를 '제8의 대륙'이라 불러요.

　바다를 떠도는 플라스틱 더미들은 이산화탄소를 흡수하고 저장하는 바다의 능력을 감소시켜요. 이 내용은 앞에서 점차 산성화되는 바다 이야기를 할 때 다루었지요. 지구의 가장 중요한 이산화탄소 완충 장치가 약해지고 있어요. 플라스틱 때문에 이산화탄소가 더 많이 배출되고, 또 플라스틱 때문에 바다에 이산화탄소가 더 적게 흡수되면서 결과적으로 대기 중 이산화탄소 농도가 점점 더 짙어져요.

　플라스틱은 한번 만들어지면 없애기 힘든 물질이에요. 페트병이나 기저귀가 바닷속에서 분해되기까지는 무려 최대 450년이 걸린다고 해요. 시간이 지나면서 플라스틱은 점점 잘게 부서져 입자가 매우 작은 미세 플라스틱이 돼요. 미세 플라스틱은 너무나 작기 때문에 눈에 띄지 않게 어디든 갈 수 있어요. 수돗물, 강물, 바닷물에도, 땅속에도, 생물의 몸속에도, 또 여러 경로를 통해 우리 뱃속에도 들어오지요.

어떻게 해야 할까요?

쓰레기 분리수거를 아무리 잘한다 해도, 플라스틱 폐기물 중 다시 새로운 제품을 생산하는 데에 재활용되는 양은 3분의 1이 채 안 돼요. 나머지는 소각되거나, 다른 나라로 수출되지요. 애초에 플라스틱에 더 높은 가격을 매겨 사용을 덜하게끔 할 수 있다면 좋겠지만, 지금 당장은 현실적으로 어려운 일이에요.

그러므로 플라스틱을 재활용하는 것보다는 생활 속에서 플라스틱 폐기물이 되도록 발생하지 않게 하는 게 더 좋아요. 상품을 포장하지 않고 그냥 팔거나, 가능하면 유리나 종이로 포장을 하고, 음료를 담을 수 있는 텀블러와 천으로 만든 가방을 들고 다니는 일도 좋지요. 잘 살펴보면 플라스틱 사용을 줄일 수 있는 방법을 꽤 찾을 수 있을 거예요.

자투리 지식
유럽 연합(EU)에서는 2021년부터 몇몇 플라스틱 품목의 사용을 금지하기로 했어요. 해당 품목은 일회용 빨대, 일회용 접시와 포크, 숟가락, 풍선 막대, 음료수 막대, 면봉, 폴리스티렌 식품 용기 등이에요.

일단 걷기
⋯ 탄소 발자국 없이 이동할 수 있을까?

우리가 어딘가로 이동하기 위해서는 에너지가 필요해요. 다행히 우리는 아기 때부터 이미 환경친화적으로 이동하는 법을 배웠어요. 바로 걸어 다니는 거예요! 걷기를 배운 다음에는 달리고, 자전거를 타고, 춤을 추고, 물구나무도 설 수 있게 되었지요. 이 모든 움직임이 환경을 오염시키지 않으면서 동시에 우리를 건강하고 활력 넘치는 상태로 만들어 줘요!

한 사람이 1㎞를 이동할 때의 이산화탄소 배출량
자동차: 139g 버스: 75g 지하철: 64g
자전거 혹은 도보 이동: 평소 생활하는 것 이상으로 배출시키지 않아요.

학교에 오가면서 탄소 발자국을 얼마나 남길까?
학교까지의 거리에 2를 곱한 다음, 위 내용을 보고 각 교통수단을 이용하여 1km를 이동할 때 배출되는 이산화탄스 양을 곱해요. 그러면 학교에 왔다 갔다 할 때 남기는 탄소 발자국을 계산할 수 있어요. 만약 방학과 주말 빼고 1년에 학교 다니는 날이 190일이면 이제 이 모든 것을 합산하면 돼요!
거리×2×190×1km당 이산화탄소 배출량 = 1년간 등·하굣길의 탄소 발자국

 키가 25m인 너도밤나무는 1년에 12.5kg의 이산화탄소를 흡수할 수 있어요. 여러분이 등하교를 할 때 배출하는 이산화탄소를 없애려면 몇 그루의 너도밤나무가 필요할까요?

자투리 지식
자전거를 이용했을 때 또 다른 좋은 점이 있어요. 자전거는 주차장에서 자리를 많이 차지하지 않거든요. 자동차는 자전거보다 10배의 자리를 차지하지요.

친환경 교통수단
·· 탄소 발자국을 덜 남기려면?

아무리 환경에 좋다고 해도 다른 나라에 갈 때까지 걸어서 갈 수는 없는 노릇이에요. 배를 타기도 하지만 오래 걸려서 보통은 비행기로 가지요.

다른 나라가 아니더라도 멀리 이동하려면 자동차나 기차, 배 혹은 비행기를 타야 해요. 승용차, 화물차, 배, 기차, 비행기는 엔진에서 휘발유, 경유, 등유 등을 태워요. 이런 연료는 대부분 석유에서 얻고, 연소할 때 이산화탄소가 배출돼요. 화석 연료를 사용하는 교통수단에 의한 이산화탄소 배출량은 인간이 만드는 이산화탄소의 5분에 1쯤 된답니다.

대부분의 교통수단은 그을음과 미세 먼지, 소음을 발생시켜 우리의 코와 귀를 괴롭힌다는 점에서도 해로워요. 에취!

전기를 사용하면?

소리도 안 나고, 냄새도 안 나고, 콘센트로 에너지를 충전하는 교통수단이 있긴 해요. 바로 전기를 활용하는 전기 자동차, 전기 오토바이, 전기 자전거, 전동 킥보드 등이에요. 자동차 경주 대회에서도 전기 자동차를 쓰곤 하는데, 석유를 연료로 쓰는 자동차보다 빠르게 달릴 수 있답니다.

하지만 이러한 교통수단에도 흠이 있으니 바로 배터리가 필요하다는 것이에요. 배터리로 전기를 충전해야 하니까요. 배터리를 생산하는 것은 환경에 해로운 일이에요. 그래서 전기 자동차의 탄소 발자국은 사용한 지 몇 년은 흘러야 비로소 석유를 쓰는 자동차보다 적어져요.

현재 전기 자동차에는 두 가지 종류가 있어요. 하나는 배터리를 사용하는

방식이고, 하나는 연료 전지를 사용하는 방식이지요. 배터리로 전기를 충전하고, 연료 전지로는 수소를 충전해요. 둘 다 전기로 움직이고 아무것도 연소하지 않아요. 아쉽게도 커다란 선박과 비행기는 아직 전기 모터로는 움직일 수가 없어요. 그러기에는 모터의 출력이 충분하지 않거든요. 연구자들은 더 좋은 친환경 교통수단을 개발하기 위해 계속 노력하고 있어요.

새나 곤충과는 달리

비행기는 하늘에 어마어마한 탄소 발자국을 남겨요. 교통수단 중에서 환경에 가장 부담을 주는 것이 바로 비행기랍니다. 자동차로 4시간 남짓 걸리는 거리를 비행기로 왕복하면 1인당 248Kg의 이산화탄소가 발생해요. 혼자서 자동차를 타고 같은 거리를 달리면 215Kg을 배출하고, 전기 자동차로 가면 배출량이 142Kg으로 줄어들어요. 기차는 같은 구간을 가는 데에 승객 한 명당 40Kg을 배출해요. 장거리를 가는 버스는 승객 한 명당 26Kg을 배출하지요.

햇빛은 바닥나지 않아
·· 재생 에너지란 무엇일까?

전기 에너지 사용이 환경과 기후에 좋다는 건 알게 되었어요. 하지만 전기 에너지는 어디서 얻을까요? 콘센트를 통해 전기 에너지가 우리에게 전달되려면 먼저 다른 형태의 에너지가 전기 에너지로 바뀌어야 해요. 예를 들어 발전소에서 석탄이나 천연가스를 연소시켜 열을 얻은 뒤, 터빈이나 다른 발전기를 통해 열에너지를 전기 에너지로 바꾸는 것이지요. 안타깝게도 이런 식으로 에너지를 얻을 때에도 적지 않은 이산화탄소가 생겨요. 결국 화석 연료를 태워야 하니까요. 또한, 알다시피 지구상의 화석 연료는 양이 정해져 있어요. 어느 시점이 지나면 다 소비되어 사라질 거예요.

그렇다면 이산화탄소를 덜 발생시키고, 시간이 지나도 사라지지 않는 게 무엇이 있을까요? 바로 햇빛, 바람, 물 같은 것이지요. 이런 것들을 활용해도 에너지를 얻을 수 있어요. 이런 에너지를 '재생 에너지'라 불러요.

재생 에너지를 어떻게 얻을까?
재생 에너지를 얻을 때는 아무것도 태울 필요가 없어요. 그것만 해도 기후에 훨씬 이롭답니다.

풍차는 바람의 힘을 이용해 날개바퀴를 돌려 전기를 얻어요.

태양 전지는 태양 에너지를 전기 에너지로 바꾸어 주어요. 또는 태양 에너지를 직접 난방에 사용하게 할 수도 있지요.

물도 전기가 될 수 있어요. 물이 높은 곳에서 낮은 곳으로 떨어지면 운동 에너지가 발생하고 이것을 발전기를 통해 전기 에너지로 바꾸지요. 조력 발전소에서는 밀물과 썰물 때의 바닷물 높이 차이를 이용해서 전기를 생산해요.

하지만 바닷물은 바다에 가야 있고, 태양은 낮에만 지구를 비추잖아요. 우리가 원하는 아무 때, 아무 곳에서나 재생 에너지를 얻을 수 있는 건 아니라는 뜻이에요. 그건 너무 불편한 일이지요. 태양빛이 있을 때만 전등을 켤 수 있다면 우리 생활에 무슨 도움이 되겠어요? 적절한 시간에 적절한 장소에서 전기를

사용할 수 있게 하려면 생산한 전력을 저장하고 운반할 수 있는 방법까지 찾아야 해요.
　물로 저장하거나, 지하에 압축 공기 형태로 저장하는 등 지금까지 발견한 전기를 저장하는 방법은 여러 가지예요. 전기를 더욱 효율적으로 운반하기 위한 방법들도 계속 연구하고 있답니다.

일단 끄기

··어떻게 에너지를 절약할까?

재생 에너지 사용은 기후 변화를 막는 데에 도움이 돼요. 하지만 그보다 더 좋은 건 에너지를 되도록 아껴 쓰는 것이겠지요. 일단 플러그를 뽑아요! 코드를 꽂아 두면 가전제품이 늘 대기 상태라 계속해서 전기를 잡아먹어요. 표시등도 계속 켜져 있고요. 그래서 제품을 쓰지 않아도 자꾸 전기가 들어간답니다.

조명도 줄여요! 전등은 필요할 때 바로 켜는 것이 좋아요. 또 가능하면 LED 조명이나 에너지 절약형 전구로 교체해요.

뚜껑을 덮어요! 음식을 만들 때 냄비의 뚜껑을 덮으면 에너지를 절약할 수 있어요. 커피나 차를 끓일 때는 필요한 분량만 물을 끓여요. 물을 끓이는 데에도 에너지가 많이 들어가고, 그만큼 기후에는 좋지 않은 영향을 끼치지요.

가전제품의 에너지 소비 효율 등급을 보면 그 제품이 얼마나 환경친화적인지 알 수 있어요. 표시된 등급이 1등급에 가까울수록 에너지를 절약하는 제품이에요. 등급이 높은 제품이더라도 사용할 때 조금씩 신경을 써 주세요. 냉장고 문을 열었을 때는 빨리 닫고, 뜨거운 음식은 반드시 식혀서 냉장고에 넣어요. 또

세탁물을 모아 두었다가 한꺼번에 세탁하세요. 빨래는 건조기를 사용하는 대신에 빨랫대에 널어 말리고, 식기 세척기 역시 씻을 그릇을 모았다가 가득 채워 돌리면 전기를 절약할 수 있어요. 오히려 손으로 설거지를 하는 것보다 에너지를 더 줄일 수도 있다고 하는군요.

　실내 온도가 너무 높지는 않나요? 두툼한 옷을 입고 난방을 약간 줄이는 편이 기후 변화를 막는 데어 도움이 된답니다. 난방하면서 환기가 필요할 때 창문을 계속해서 조금 열어 두는 것보다는 몇 분간 창군을 앞뒤로 활짝 열어 바람이 통하게 했다가 닫는 편이 에너지 절약에도 좋고, 환기도 더 잘된다고 해요.

　샤워를 할 때 샴푸나 비누로 거품을 내는 동안에는 꼭 수돗물을 잠가 놓아요. 찬물로 샤워를 하면 에너지가 더 절약되겠지만, 여름이 아니라면 좀 춥겠지요?

　혹시 동영상을 많이 보나요? 인터넷으로 동영상을 재생하면 서버에 데이터를 저장하고 전송할 때 에너지가 많이 들지요. 동영상 재생에 드는 전기량이 가정에서 쓰는 전기량과 맞먹는다고 해요.

> **자투리 지식**
> 유럽 연합(UN)에서는 2008년부터 에너지를 많이 소비하는 전구의 사용을 금지하고 있어요. 현재로서는 LED 전구가 절전에 가장 도움이 돼요. 불을 꺼야만 보이는 것들도 있다는 사실도 기억하시요. 별 같은 것이요!

온통 푸르른 세상

… 어떻게 환경친화적인 공간을 만들까?

우리가 사는 도시, 집, 거리, 공원, 정원 등 주거 공간을 잘 가꾸면 지구 환경을 보호하는 데에도 도움이 된답니다. 적절하게 냉방과 난방을 하고, 해가 잘 들도록 창을 내며, 블라인드나 단열재, 환풍기 등을 활용하여 공기나 빛, 열 등을 영리하게 관리하면 환경에 해를 많이 끼치지 않고 실내에서 쾌적하게 지낼 수 있어요.

자투리 지식

그늘이 필요한 경우가 아니면 주변의 나무를 그냥 지나칠 때가 많지요. 나무는 정말 멋진 생명체예요. 나무가 모인 숲은 기온을 조절해 주고, 따가운 햇살을 피할 그늘을 드리우며, 이산화탄소를 산소로 바꾸어 주고, 공기에서 미세먼지를 걸러 줄 뿐 아니라, 소음도 줄여 주어요. 우리에게 시각적 즐거움을 주며, 동물이 살아가는 공간이 되어 주기도 하지요.

건축재를 선택할 때도 되도록 기후에 부담이 적은 것을 고르는 게 좋겠지요. 시멘트는 생산 과정에서 이산화탄소가 많이 배출되는 재료예요. 전 세계에서 인공적으로 배출되는 이산화탄소의 8%가 시멘트를 생산할 때 나와요. 미래를 위해 환경과 좀 더 가까운 건축 방법이나 대안으로 활용할 건축 재료에 대한 아이디어가 많이 나오고 있어요. 나무로 지은 고층 건물이나 해초를 활용해 만든 벽, 상자나 한쪽 벽을 활용한 정원, 농작물 재배 상자를 탑처럼 쌓아 올려 만든 텃밭 같은 것이지요.

건물과 건물 사이의 공간은 어떻게 가꾸어야 할까요? 어떤 길을, 어떤 교통수단을 이용하여 다닐지 살피는 일도 중요하다고 했어요. 집이나 학교, 상가, 초록 식물이 풍성한 공원이나 정원 등을 거리와 잘 연결하여 살기 좋은 공간으로 가꾸면 기후 변화를 막는 데에도 도움이 돼요. 건강하고 아름다운 도시를 만드는 일이 우리 손에 달려 있답니다.

모두가 한마음으로
… 기업과 정치인은 기후를 위해 무엇을 할 수 있을까?

지금까지 우리 각자가 에너지를 절약하고 기후 변화를 막기 위해 할 수 있는 일들을 살펴보았어요. 그런데 사실 기후와 관련하여 개인의 힘만으로 풀기 힘든 문제들도 있어요. 경제 활동의 큰 축을 담당하는 기업의 힘도 필요해요.

여러 분야의 기업이 이산화탄소를 많이 배출해요. 특히 철이나 시멘트를 생산하는 기업, 플라스틱이나 물감 등을 생산하는 화학 관련 기업은 엄청나게 큰 탄소 발자국을 남기지요.

작은 탄소 발자국을 만드는 경제가 가능할까요?
기업도 개인처럼 에너지 소비를 줄이도록 노력할 수 있어요. 원료를 아끼거나 재활용 제품을 사용하는 것이지요. 에너지를 절약하면서 동시에 환경친화적인 방식으로 제품을 생산하는 기계와 공정을 개발하기 위해서 기업도 많은 연구를 하며 노력하고 있답니다.

기업이 기후를 위해 좋은 일을 하게 하려면?
뿌듯함을 느끼고 돈까지 절약할 수 있다면 환경에 유익한 일을 하지 않을 이유가 없겠지요? 만약 이산화탄소를 배출하는 데에 비용을 지불하도록 한다면 환경친화적인 기업이 생산하는 제품의 가격이 좀 더 낮아질 거예요. 그럼 환경을 오염시키는 기업보다 돈을 더 많이 벌게 되겠지요.

어떤 회사나 제품이 얼마나 이산화탄소를 배출하는지 제대로 표시해 주는 건 어떨까요? 소비자가 이 표시를 보고 이산화탄소를 적게 배출하는 제품을 선택할 수 있게끔이요. 그리고 이런 식으로 기후 변화를 막는 데에 도움이 되는 아이디어를 내거나 실천했을 때 어떤 식으로든 보상을 받는다면, 더 많은 사람들의 생각을 모을 수 있지 않을까요?

또 누구의 도움이 필요할까요?

현대 사회에서 대기업은 힘이 아주 세요. 많은 일자리를 제공하고, 많은 사람들이 그 기업이 생산한 제품을 소비하니까요. 대기업이 몸 담고 있는 시장 질서에 영향을 주려면 국회의원 같은 정치인들이 나서야 하지요. 정치인들은 국민의 관심사를 살피고 이해관계를 조율하는 역할을 해요. 기후 변화와 환경 보호는 우리 모두의 관심사니 정치인들도 관심을 가져야 해요.

기후 문제 해결을 어렵게 만드는 것

어떤 목적을 위해 무언가를 희생하는 것은 힘든 일이에요. 가령 비싼 친환경 제품을 구매하려면 돈이 더 들어요. 또 친환경 식품은 감칠맛이 덜할지도 몰라요. 풍차의 날개바퀴는 주변의 풍광을 조금 해치기도 하고요. 지구를 위해서는 자신의 편의를 조금 포기하고 불편함을 감수할 용기도 필요하답니다.

자투리 지식

탄소세는 화석 연료 사용량에 따라 세금을 매기는 제도예요. 1991년부터 탄소세를 도입한 스웨덴은 현재 이산화탄소 배출량이 다른 나라들보다 현저하게 적은 나라예요. 전 세계에서 약 50개 나라가 탄소세를 도입했어요. 한국은 검토 중이라고 해요.

크게 크게 생각하기
… 전 세계가 기후 문제를 해결하기 위해 어떤 노력을 할까?

많은 사람이 함께 결정을 내려 본 경험이 있다면 그게 쉽지 않은 일이라는 걸 이해할 거예요. 각자 생각하는 바가 다르기 때문에 추구하고 제안하는 내용도 모두 다르지요. 우리는 저마다 자신의 의견이 가장 좋다고 생각하고 다른 사람들을 설득하고 싶어 해요. 결정을 하고 나면 누구는 이겼다고 느끼고, 누구는 졌다고 느끼기도 하고요.

  개인이 아니라 나라가 모여 결정을 내려야 한다면 훨씬 더 쉽지 않은 일이 될 거예요. 더 많은 사람들이 관련된 문제이니 크게, 또 신중하게 생각해야 하지요. 지구상의 모든 나라가 흡족한 결정을 내리는 일이 가능할까요? 복잡한 기후 문제에 관하여 여러 나라가 합의에 도달할 수 있을까요?

기후 변화 협약 당사국 총회
전 세계가 머리를 맞대고 기후 온난화 문제를 해결하기 위해서 매년 회의를 개최한답니다. 매년 2만 명 이상이 이 회의에 모이지요. 200여 개 나라가 참여하여 공동으로 기후 보호를 위한 구체적인 방안을 정해요.

IPCC(Intergovernmental Panel on Climate Change)
기후 변화와 관련된 위험성을 잘 알고 대책을 마련하려면 그 근거가 되는 정확한 자료가 있어야겠지요. 각국 전문가로 구성된 IPCC에서 이런 자료를 만들어요. 연구 결과를 모아 보고서를 발표하는 거예요. 이 보고서는 신뢰도가 높아 기후 문제 토론을 위한 기초 자료로 활용돼요.

중요한 이정표

· 1992년 브라질에서 열린 국제 연합 환경 개발 회의에서 환경과 개발에 관한 **리우 선언**이 채택되었어요. 이것은 기후 변화를 문제로 인식하고 기후 변화를 막는 것을 목표로 정한 최초의 국제 협약이에요.

· **교토 의정서**는 1997년 12월 일본 교토에서 개최된 제3차 기후 변화 협약 당사국 총회에서 정한 내용을 기록한 문서예요. 산업 국가가 온실가스 배출에 대해 이행해야 할 구체적인 방안을 담고 있어요.

· 2015년 프랑스에서 열린 기후 변화 협약 당사국 총회에서는 **파리 기후 변화 협약**이 타결되었어요. 이 협약은 참여 국가 모두가 협력하여 지구 기온의 상승 폭을 산업화 이전에 비해 2℃ 이상 높아지지 않게 유지하는 것을 목표로 삼고 있어요.

기후 변화 협약 당사국 총회에 참석하는 국가들은 기후에 관하여 각기 서로 다른 목표를 추구하는 다양한 연합체에 속해 있어요.

- **유럽 연합**(UN): 유럽 국가들은 기후 문제 해결을 위해 힘을 모아 함께 노력해요.
- G77: 134개의 개발 도상국이 모인 연합체로 환경 오염에 대한 배상을 선진국에 요구하고 있어요.
- **엄브렐러 그룹**(Umbrella Group): 교토 의정서의 합의 내용을 따르는 나라 중 유럽 연합에 속하지 않은 선진국들로 구성돼요. 미국, 호주, 캐나다, 일본, 노르웨이 등이 여기에 속하고, 이들 나라는 경제 활동에 제한을 두는 일을 달가워하지는 않아요.
- **군소 도서 국가 연합**(AOSIS): 허수면 상승으로 나라가 사라질 위험에 처한 전 세계 작은 섬나라들의 연합이어요.
- LMDC: 중국, 인도, 사우디아라비아 등 20여 개 개발 도상국의 연합으로, 환경이나 기후와 관련된 엄격한 제약 없이 경제 발전을 이루려는 목적을 가져요.
- LDCs: 개발이 가장 늦은 50여 개 최빈 개발 도상국들의 연합이에요.

누가 쓰레기를 치우지?
·· 기후 정의가 무엇일까?

기후 변화 협약 당사국 총회에서는 기후 변화를 막기 위해 어떤 일을 해야 하는지와 더불어 '누가' 그렇게 해야 하는지도 논의해요. 여기에서 중요한 점은 기후 변화를 유발한 사람이나 나라들이 나서서 문제를 해결해야 한다는 사실이지요. 이것을 '기후 정의'라고 불러요. 기후 정의를 실천하려면 각 나라나 연합이 어떤 주장을 하고 있는지를 잘 살펴봐야 해요.

누가 오염시켰을까요?

이산화탄소 배출량은 나라마다 많이 달라요. 보통은 부자 나라들이 이산화탄소를 많이 배출시키지요. 이에 비하면 가난한 나라들이 배출시키는 양은 얼마 되지 않아요. 부유한 나라에서는 한 사람이 1년에 배출하는 이산화탄소의 양이 9t(톤) 이상으로 세계 평균인 5t의 두 배 가까이 돼요. 1t은 1000kg에 해당해요. 미국에서는 한 사람이 1년에 무려 16t의 이산화탄소를 배출한다고 하니 어마어마하지요. 반면 아프리카의 나이지리아는 기후 변화에 별로 영향을 미치지 못해요. 국민 한 사람당 연간 이산화탄소 배출량이 0.5t도 되지 않거든요.

누가 피해를 볼까요?

기후 변화로 인한 피해의 정도도 나라마다 달라요. 하지만 해수면 상승이나 홍수, 가뭄, 태풍 등의 기상 이변으로 인한 피해를 많이 입고 있는 나라들은 대체로 가난해요. 그곳 사람들은 재해가 닥치면 거의 속수무책이어서 피해가 더욱 심하답니다.

누가 문제를 해결해야 할까요?

보다시피 기후 변화를 일으킨 나라들과 기후 변화로 인해 피해를 입고 있는 나라들은 일치하지 않아요. 그래서 기후 변화로 고생하고 있는 가난한 나라들은 산업이 고도로 발달한 부자 나라들이 책임을 지고 기후 변화를 위해 더 많은 일을 해 줄 것을 요구하고 있어요.

무엇이 필요할까요?

우선 가난한 나라들이 변화한 기후 조건에 적응할 수 있도록 돕는 일이 필요해요. 또 기후 변화로 인한 피해와 손해를 보상해 주어야 해요. 예를 들어 농업 국가에서는 기후 변화로 인한 극심한 가뭄 때문에 농사를 망치는 경우가 많아요. 이런 나라에는 선진국이 보유한 지식과 기술을 전수하고 기술 장비를 지원해 주면 어려움을 이겨 내는 데에 도움이 될 거예요.

　　기후 보호 규정을 적용할 때에도 경제적으로 어려운 나라보다는 잘사는 나라들에 더 엄격하게 해야겠지요.

작은 성공들이 모여
… 기후 보호를 위한 노력은 어떤 성과를 거두었을까?

거대한 목표를 이루기 위해서는 이미 이룬 작은 성과를 눈앞에 그려 보면 좋아요. 그래야 조금이라도 진척이 있었다는 사실을 확인하고 용기를 잃지 않을 테니까요. 우리도 이쯤에서 잠시, 기후 변화를 막고 환경을 보호하려는 노력들이 이룬 멋진 성공 사례들을 한번 살펴보기도 해요.

작은 마을이 보여 준 사례
유럽 독일의 작은 도시 빌드폴츠리트는 화석 연료에서 에너지를 얻는 대신, 환경을 오염시키지 않는 친환경 에너지를 직접 생산하고 있어요. 바람, 태양, 미생물을 이용하여 얻는 바이오가스, 물 같은 재생 에너지원을 활용해서 도시에 필요한 에너지의 7배나 생산할 수 있다그 해요.

나무 심기 세계 기록
2019년 여름에 아프리카의 에티오피아에서는 하루에 3억 5000만 그루의 나무를 심었어요. 하루에 심은 나무 개수로 세계 신기록을 달성했지요. 그전까지는 인도에서 하루에 5000단 그루의 묘목을 심었던 기록이 최고였는데, 이를 가뿐히 넘어섰어요. 에티오피아는 사막화가 빠르게 진행되고 있는 나라예요. 나무 심기 같은 일을 통해 기후 변화에 적극적으로 대응하고 있지요.

열대 우림을 되살려요!
남아메리카의 볼리비아에서는 벌목으로 파괴된 열대 우림에 다시 삼림을 조성하는 일을 하고 있어요. 작은 나무를 키우는 일은 학교들과 협력해서 진행한답니다. 학생들은 나무를 심고 키우는 것을 거들며 열대 우림과 빠르게 친해지고, 열대 우림을 보호해야 한다는 생각을 갖게 된다고 해요.

비닐봉지는 쓰지 않아요

아프리카의 여러 나라에서는 쓰고 버린 비닐봉지가 나뭇가지에 걸려 있는 모습을 심심치 않게 볼 수 있어요. 하지만 르완다에서는 그런 장면을 볼 수 없어요. 르완다에서는 10여 년 전부터 비닐봉지 사용을 금지해 왔기 때문이에요. 가게에서는 비닐봉지 대신 신문지로 만든 종이봉투에 물품을 담아 주지요. 케냐와 탄자니아 같은 다른 아프리카 국가들도 점차 르완다의 본보기를 따르고 있어요.

　유럽의 독일에서는 2020년에 비닐봉지 사용을 금지하기 시작했고, 한국에서도 일회용 비닐봉지 사용을 조금씩 규제하고 있답니다.

자투리 지식
영국의 한 여대생이 생선을 조리할 때 많이 버려지는 생선 껍질과 비늘, 그리고 홍조류를 활용해 얇은 비닐을 발명했어요. 진짜 비닐봉지처럼 투명하고 탄력이 있으며, 미생물에 의해 분해되고 나중에 퇴비로도 활용할 수 있답니다. 이 재료의 이름은 '마리나 텍스'예요.

차근차근 가꿔 나가야 할 미래
·· 앞으로 무엇을 해야 할까?

대부분은 여러분에게 달려 있어요!

우리 어린이들은 아마 어른들보다 이 지구에서 오래 살게 되겠지요? 원하든 원치 않든 기후와 환경과 관련된 문제들을 여러분이 나서서 수습해야 할 거예요. 그렇다고 어린이들이 지구를 위해 모든 걸 떠맡고 어른들은 손 놓고 있어도 된다는 이야기는 절대로 아니에요. 어른들에게는 어린이 여러분이 행복하게 살 수 있는 깨끗한 환경을 물려줄 책임이 있어요. 이를 위해 지금도 무척 애쓰는 어른들이 많답니다.

하지만 한편으로는 여전히 무관심한 어른들도 많아요. 기후 문제에 관해서는 어느 누구라도 그냥 가만히 있지 말아야 해요. 어른, 어린이 모두 마찬가지예요. 지구 환경에 큰 변화가 일어나던 생길 불편하고 나쁜 일들에 대해 자꾸 이야기하고, 깨끗한 환경을 만들자며 목소리를 높여야 해요. 무시하거나 잊고 살지 말고 우리 모두의 지구를 위해 함께 노력하기로 해요!

때때로 한 사람의 목소리가 많은 사람에게 용기를 주고 의욕을 불러일으키기도 해요. 환경 운동가 그레타 툰베리는 10대 학생 때 '미래를 위한 금요일(FFF, Fridays For Future)' 운동을 벌여 세계적으로 큰 화제가 되었고, 이는 청소년들이 주도하는 환경 운동이 시작되는 계기가 되었어요. 고마워요, 그레타! 이처럼 환경을 위한 목소리를 내기 위해 어른일 필요도, 힘이 셀 필요도 없답니다.

누구나 생활 속에서 가능한 일들을 차근차근 실천할 수 있어요. 작은 관심에서 시작해 점차 환경을 보호하는 일에 적극적으로 동참하는 거예요. 오늘이든, 10년 후든, 20년 후든 여러분은 지구에 더 좋은 일을 할 수 있어요.

지금의 기후 변화는 우리 인류에게 위기이자 도전이에요. 그것을 극복하기 위해서는 발견하고 발명하는 사람들, 견디고 밀고 나가는 사람들, 연구하고 아이디어를 짜내는 사람들, 불만을 표현하고 투쟁하는 사람들, 결정하고 행동하는 사람들, 보호하고 구하는 사람들 모두가 필요해요. 우리 모두가 영웅이 될 수 있어요!

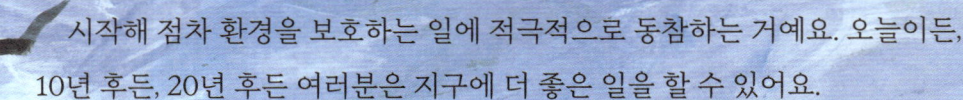

풀이

가스 기체 물질을 통틀어 이르는 말입니다. 물질이 취할 수 있는 형태는 기체, 액체, 고체가 있습니다. 가령 수증기는 물이지만, 액체 상태의 물이 아니고 기체 상태의 물입니다.

기후 변화 일정 지역에서 오랜 기간에 걸쳐 진행되는 특징적인 기상의 변화를 말합니다. '기후 변동'이라고 표현하기도 하며, 보통은 산업화가 시작된 이래 인간으로 말미암은 지구 온난화를 기후 변화라고 합니다.

기후 변화 협약 당사국 총회 기후 변화와 지구 온난화에 따른 피해를 줄이기 위해서 1년에 한 번씩 모여서 기후 변화를 막기 위한 대책들을 논의하고 결정하는 회의입니다. 전 세계 거의 모든 나라에서 보낸 사람들이 참여합니다.

대기 행성이나 항성 등을 둘러싼 기체를 말합니다. 지구의 대기는 지표면에서 가까운 순서대로 대류권, 성층권, 중간권, 열권, 외기권 이렇게 5개 층으로 구분합니다. 그 밖은 우주입니다.

미세 먼지 눈에 보이지 않을 정도로 입자가 작은 먼지를 말합니다. 미세 먼지는 우리가 뭔가를 태울 때 발생하며 그 입자가 너무나 작아서 우리 몸속으로 들어와 폐와 혈액에까지 이를 수 있습니다.

방출 입자나 파동의 형태로 에너지를 내보내는 것을 뜻하는 말입니다.

섭씨온도(℃) 온도를 측정하는 단위입니다. 물의 어는점은 0℃, 물의 끓는점을 100℃로 하여 그 사이를 100등분 한 단위입니다. 스웨덴 물리학자 셀시우스가 고안한 단위로, '셀시우스 눈금'이라고도 부릅니다.

에너지 어떤 일을 하거나 무언가를 만들어 낼 수 있는 힘이나 능력을 통틀어 이르는 말입니다. 에너지는 따뜻하게도 할 수 있고, 움직이게도 할 수 있고, 빛나게도 할 수 있습니다.

영구 동토층 추운 지역에서 1년 내내 얼어 있는 땅을 말합니다. 지구 온난화로 영구 동토층이 녹으면 그곳 얼음에 갇혀 있던 탄소가 이산화탄소가 되어 방출됩니다.

온실 효과 대기 중의 수증기, 이산화탄소, 오존 등의 기체가 태양열을 흡수하여 지표의 온도를 높게 유지하는 것을 말합니다. 온실의 유리 지붕과 비슷하게 태양열을 지구 대기에 가둔다고 하여 '온실' 효과라고 부릅니다.

응결 기체의 일부가 액체로 변하는 현상을 말합니다. 수증기의 응결로 물이 만들어집니다. 반대로 액체가 기체로 변하는 현상은 '증발'이라고 합니다.

자전축 자전할 때 중심이 되는 축을 말합니다. 지구도 자전할 때 자전축을 중심으로 팽이처럼 돕니다. 지구의 두 극을 연결하는 가상의 직선입니다.

재활용 영어로 '리사이클링(recycling)'이라 부르는 재활용은 폐품을 다시 사용하거나, 이를 활용하여 다른 제품을 만드는 것을 말합니다.

적도 남극과 북극의 중간에서 지구를 가르는 선을 말합니다. 남반구와 북반구를 가르는 선입니다.

정치 나라 안의 중요한 일들은 정치를 통해 결정됩니다. 정치인은 특정 기간 동안 시민들의 이익을 대변하는 사람들을 말합니다.

제철 음식 제철에 나는 재료로 만드는 음식을 말합니다. 우리가 사는 지역에서 각각의 과일, 채소가 언제쯤 나오는지를 표시하여 제철 음식 달력을 만들기도 합니다.

탄소세 이산화탄소를 내뿜는 대가로 내는 세금을 말합니다. 지구 온난화를 막기 위해 생겨난 세금 정책입니다.

퍼센트(%) 퍼센트는 백분율을 나타내는 단위입니다. 1퍼센트는 어떤 것을 백으로 나누었을 때 그중 하나를 말하고, 100퍼센트는 전체를 말합니다.

해수면 바닷물의 표면을 해수면이라고 합니다. 해수면 높이는 상승할 수도 있고, 하강할 수도 있습니다. 해수면은 평균값을 0으로 두고 산의 높이를 측정합니다.

CO_2 이산화탄소의 약자. 이산화탄소는 탄소 원자 하나와 산소 원자 2개로 구성되어 있습니다.

이 책에 인용한 자료와 사실은 2019년 12월 현재 다음 기관들의 자료에 근거한 것이다.
독일 환경 및 자연보호 연합(BUND), 그린피스 독일 연방 환경청, 독일 킬 대학교, 국제 연합, IPCC
세계 자연 기금 (WWF, World Wide Fund for Nature)